A SABEDORIA DA INSEGURANÇA

ALAN WATTS

A SABEDORIA DA INSEGURANÇA

COMO SOBREVIVER NA ERA DA ANSIEDADE

Tradução de
DANIEL KNIGHT

Prefácio de
LAURO HENRIQUES JR.

Copyright © 1951 Pantheon Books
Copyright renovado © 1979 Mary Jane Yates Watts
Copyright da apresentação © 2011 Deepak Chopra
Copyright da tradução © 2017 Alaúde Editorial
Título original: *The Wisdom of Insecurity – A Message for a Age of Anxiety*

Esta tradução foi publicada por meio de acordo com a Vintage Anchor Publishing, um selo da Knopf Doubleday Group, uma divisão da Penguin Random House, LLC.

Todos os direitos reservados. Nenhuma parte desta edição pode ser utilizada ou reproduzida – em qualquer meio ou forma, seja mecânico ou eletrônico –, nem apropriada ou estocada em sistema de banco de dados sem a expressa autorização da editora.

O texto deste livro foi fixado conforme o acordo ortográfico vigente no Brasil desde 1º de janeiro de 2009.

INDICAÇÃO EDITORIAL: Lauro Henriques Jr.
EDIÇÃO: Renata Nakano
PREPARAÇÃO: Maria Sylvia Corrêa
REVISÃO: Nana Rodrigues
CAPA: Raquel Matsushita
PROJETO GRÁFICO: Cesar Godoy

1ª edição, 2017 / 2ª edição, 2022
Impresso no Brasil

Dados Internacionais de Catalogação na Publicação (CIP)
(Câmara Brasileira do Livro, SP, Brasil)

Watts, Alan, 1915-1973

A sabedoria da insegurança : como sobreviver na era da ansiedade / Alan Watts ; tradução de Daniel Knight ; prefácio de Lauro Henriques Jr. -- 2. ed. -- São Paulo : Alaúde Editorial, 2022.

Título original: The wisdom of insecurity : a message for an age of anxiety
Bibliografia.
ISBN 978-65-86049-81-7

1. Ansiedade 2. Medo 3. Religião - Filosofia 4. Segurança (Psicologia) I. Henriques Junior, Lauro.II. Título.

22-110038 CDD-128

Índices para catálogo sistemático:
1. Filosofia da vida humana 128
Cibele Maria Dias - Bibliotecária - CRB-8/9427

O conteúdo desta obra, agora publicada pelo Grupo Editorial Alta Books, é o mesmo da edição anterior.

2022
A Editora Alaúde faz parte do Grupo Editorial Alta Books
Avenida Paulista, 1337, conjunto 11
01311-200 – São Paulo – SP
www.alaude.com.br
blog.alaude.com.br

Para Dorothy

SUMÁRIO

Apresentação 9
Prefácio desta edição 17
Prefácio 23

1. A era da ansiedade 27
2. Dor e tempo 41
3. O grande rio 50
4. A sabedoria do corpo 64
5. Sobre a consciência 82
6. O momento maravilhoso 94
7. A transformação da vida 108
8. Moralidade criativa 121
9. Revisando a religião 134

APRESENTAÇÃO
Deepak Chopra*

Todo livro é uma jornada, mas este pretende viajar para todo lado e para lugar nenhum. Começa num estado de ansiedade em que poucas pessoas querem permanecer. Expõe as fraquezas de crenças comuns enquanto trata coisas sagradas com irreverência e tiradas petulantes. Como se quisesse garantir o seu fracasso, Alan Watts também propõe um paradoxo: ser inseguro é uma enfermidade da psique e, ao mesmo tempo, uma porta aberta para uma realidade invisível, o único lugar onde as curas para o medo e a ansiedade podem ser encontradas.

---

* Deepak Chopra é descrito pela revista *Times* como "um dos cem principais heróis e ícones do século XX" e considerado um dos pensadores mais influentes do mundo pelos *sites* The World Post e The Huffington Post. Autor de mais de 80 livros, como *Você é o universo*, da editora Alaúde.

Mesmo com todos esses detalhes adversos, *A sabedoria da insegurança*, publicado originalmente em 1951, cativou muitos leitores, dentre os quais tenho orgulho de me incluir.

Eu tinha 30 e poucos anos, mais ou menos a idade do autor quando o livro foi publicado, e Watts foi para mim o orientador perfeito em uma mudança de rumo na vida, que me afastava do materialismo e de suas promessas vazias. O novo percurso voltava-se para o território mais enganoso que se possa imaginar: o instante presente. Aqui e agora, Watts declarou, é onde está a experiência do universo em sua totalidade. "Se a felicidade sempre depende de uma expectativa futura, estamos correndo atrás de um fogo-fátuo que nunca vamos alcançar, até quando o futuro e nós mesmos já tivermos desaparecido no abismo da morte." Um pronunciamento típico de Alan Watts, de uma ambição arrebatadora, oferecendo ajuda ao preço de subverter tudo com que o leitor se importa. Pois, nos Estados Unidos do pós-guerra, o progresso e os atrativos do amanhã eram tudo na vida. Aonde estávamos indo? Primeiro para a lua e, um dia, para as estrelas. Quanto podíamos conquistar? Tudo. O que o sucesso traria? Riquezas e satisfação que nunca poderiam ser tomadas de nós. Watts foi o pernilongo que nos acordou a picadas. Disse que o progresso era uma fraude e que sonhar com o amanhã era puro escapismo diante da dor que tememos hoje. O que hoje costuma ser chamado de "o poder do agora" era abordado cinquenta anos antes do tempo.

Olhando para trás, é possível perceber que Watts era um erudito espiritual, o primeiro e provavelmente o maior. Devorava filosofia, religião, psicologia e ciência – uma esponja de cem braços, digamos. Produziu este livrinho em um ponto de virada na vida pessoal. O ano era 1951, e ele havia acabado de abandonar a vocação de padre anglicano, assim como a mulher, de quem se divorciara. Havia sido fascinado por zen-budismo a vida inteira, o que o levou a passar os anos de seminário tentando fundir o misticismo oriental com o ocidental. No arco clássico das histórias de amadurecimento, ele finalmente estava prestes a encontrar a si mesmo. Mas ele faria isso do jeito mais estranho, declarando que não havia um eu para encontrar. Felicidade duradoura – a busca subjacente a quase toda a obra abundante de Watts – só pode ser alcançada deixando-se de lado o eu do ego que seria, de qualquer forma, pura ilusão. Esse eu egoísta afasta a realidade o tempo todo. Constrói um futuro baseado em expectativas vazias e um passado baseado em memórias dolorosas.

Como Watts coloca, com seu estilo dinâmico, enganosamente simples: "amanhã e planos para amanhã não têm sentido nenhum a não ser que se esteja em pleno contato com a realidade do presente, já que é no presente e *só* no presente que se vive". Como um bom pregador, ele soa enfático e em conexão com uma verdade mais elevada. Mas a mensagem era ousada e mordaz demais para o cômodo púlpito anglicano. Imagine um cristão qualquer, que dá valor à recompensa do céu e à volta de Cristo, ouvindo essas palavras: "Não existe realidade a não ser a realidade presente, de forma que, mesmo que vivêssemos por eras infinitas, viver para o futuro seria estar enganado eternamente". Com golpes rápidos, Watts demole a vida após a morte e arrebenta qualquer esperança de que um mundo melhor esteja por vir.

Naquela época, Watts estava sozinho no meio do mato. Que um excêntrico chapinhasse no pensamento oriental era aceitável na sua Inglaterra natal. Como possuía a Índia e um belo ponto de apoio na China, a Inglaterra produzia mentes dispostas a fuçar o vedanta e o budismo com mais profundidade que o colonizador comum de visão estreita. Mas os Estados Unidos eram diferentes. Ninguém queria escutar um arrivista que se achava o flautista de Hamelin do mundo espiritual (Watts descrevia a si mesmo como um "animador de auditório filosófico", apesar de ser muito mais). Mas, conforme revejo os argumentos propostos com tanta ousadia em *A sabedoria da insegurança*, posso sentir o choque de realidade que o livro me causou.

O primeiro capítulo, "A era da ansiedade", pega o título emprestado de um poema famoso de W. H. Auden e, no primeiro parágrafo, anuncia a primeira das quatro nobres verdades de Buda, ou seja, que a vida é cheia de sofrimento. Watts é sagaz a ponto de não mencionar a palavra Buda. Em vez disso, ele olha direto no coração de um leitor que vivia sob a ameaça da bomba atômica e faz uma pergunta eterna em termos que condizem com o existencialismo dos anos 1950: é mesmo possível que a vida humana não passe de um breve lampejo de tempo, cheio de caos e de dor, entre a escuridão que precede o nascimento e a escuridão que se segue à morte? "Vivemos em uma era de insegurança incomum", Watts nota, depois de um século em que valores tradicionais – sobretudo crenças religiosas – faliram em todas as instâncias. Tem havido duas reações opostas ao declínio da crença: o alívio de jogar fora as velhas algemas e a preocupação de que razão e sanidade abram caminho para o caos. Mas Watts quer abrir um terceiro caminho, lembrando que a crença desapareceu através de dúvida e análise cuidadosas. Eis o primeiro sinal de que ele valoriza a insegurança que outros temem, e isso logo se torna o tema central. Sem importar nenhuma ideia oriental que possa afugentar os leitores, Watts já introduziu a postura budista mais básica: análise sóbria do que temos diante de nós, deixando de lado quaisquer suposições.

Ao persistir nessa ideia de abertura, podemos encontrar toda a verdade em nós mesmos. Essa promessa, como exposta aqui, ecoa o que santos e sábios ensinam em todas as tradições de sabedoria. Se Buda se recusou a responder perguntas sobre a existência de Deus, Watts está mais inclinado a esmagar ídolos. Ele usa física moderna para demonstrar que não há nada que prove a existência material de Deus, dizendo que nunca haverá prova disso (uma previsão pouco prudente, mas como Watts poderia ter antecipado teorias pós-quânticas que postulam um universo imbuído de inteligência infinita?). Não podemos nos impor velhos mitos nem acreditar em novos, criados a partir de uma vontade de conforto; portanto, o caminho da autoanálise é o único que uma pessoa de consciência pode seguir racionalmente. Senão, vamos apenas nos anestesiar diante da falta de sentido da vida, apegados ao prazer presente para evitar a dor, uma estratégia fútil – aqui Watts cai na segunda nobre verdade, ou seja, que o prazer nunca pode curar a dor pois ambos estão conectados.

Preso entre mitos desgastados e o desespero, há outro caminho, mas ele demanda uma revolução no pensamento.

Ironicamente, esse terceiro caminho ressuscita as mesmas coisas que precisamos negar para percorrê-lo. "A realidade que corresponde a 'Deus' e 'vida eterna' é honesta, sem truques, simples e aberta para quem quiser enxergar. Mas enxergar demanda correção da mente, assim como ver com clareza às vezes demanda correção dos olhos." Watts leva vinte páginas para chegar a essa conclusão, o verdadeiro começo da jornada, mas, por ser simples, direto e paciente, ele cria um clima especial: o leitor é seduzido a esquecer que já discordou algum dia dos argumentos expostos. É uma habilidade invejável em um escritor, e era o dom especial de Watts. Ele pega uma verdade substanciosa, digamos, dos Upanixades – o medo nasce da dualidade – e tece um longo capítulo sobre como os animais sentem dor, de forma simples e destemida, enquanto os seres humanos são sobrepujados pela ansiedade por causa de nossa cisão interior.

Não quero dar a impressão de que *A sabedoria da insegurança* seja budismo para leigos – longe disso. Watts sabe que caminha rumo à construção de conceitos muito difíceis, centrados sobretudo na inexistência de um ego individual. Como se fosse um espelho da nossa cisão interior, dividimos o mundo em experiência interna e externa. Aceitamos nossa fragmentação sem perceber que a realidade é só uma. O universo é um processo uno que ocorre de forma consciente ("o grande fluxo"), e fundir-nos com esse processo é a única forma de descobrirmos quem somos de verdade. Nenhuma experiência externa pode nos ajudar porque o fluxo dos eventos é inescapável. O próprio tempo é a criação de uma mente irrequieta; o espaço foi criado pela mesma mente para ter um local por onde vagar quando, na realidade, não há espaço para além de um construto mental que, como todos os construtos, acaba por se tornar uma prisão. São ideias difíceis de assimilar, quanto mais de seguir.

A estratégia de Watts não é especificamente budista, mas remonta às percepções mais antigas dos sábios védicos da Índia: elimine o irreal, e o que sobra será real. É uma abordagem simples, mas cruel, já que uma enorme parte do que aceitamos como real é, na verdade, meramente simbólico: "os pensamentos, as ideias e as palavras são 'moedas' das coisas reais. *Não* são as coisas". Por que, então, se dar ao trabalho de escrever livros? Porque as palavras podem mostrar o caminho certo; podem destacar lampejos despercebidos de conhecimento; podem acender o fogo da insatisfação. Com seu jeito astucioso, Watts se propõe a fazer tudo isso, mas ele sabe que o mapa não corresponde ao território que representa. Por trás da autoridade da sua voz, o autor destas páginas está tão em busca de respostas quanto qualquer um e também está vulnerável ao longo da busca. Ele não saiu da prisão do eu cindido; entende que não será libertado por nenhum tipo de experiência normal, mas sim por algo fora do tempo, o que chamamos, na falta de um termo melhor, de "despertar".

O paradoxo em relação ao despertar – me refiro ao despertar comum, que aconteceu comigo e com você hoje de manhã – é que não dá para fazer acontecer, mas, ainda assim, ele é inevitável. O mesmo acontece espiritualmente. Não dá para despertar através de desejo, reza, súplica, força ou meditação. Até mesmo se dar conta de que você está dormindo já é bem difícil. Às vezes, um pontinho de consciência insinua outra realidade. Com grande fascínio, Alan Watts joga com esse pontinho de dúvida, aqui e nos seus outros livros. Do jeito como ele vê, a mente está em um redemoinho para fugir de si mesma e se encontrar ao mesmo tempo. Então, toda jornada espiritual termina com um círculo fechado. A mente assustada que escapa dos terrores cotidianos encontra a mente irrequieta que quer um mundo melhor. Quando elas se juntam, a ilusão se exauriu; não tem mais cartas na manga.

Nesse instante, o Paraíso não aparece, nem existe um Deus benevolente a quem abraçar. Há algo ainda melhor: completude. A cisão do eu se cura. Depois que a mente se desvencilha das ilusões, do medo e da esperança, encontra paz em si mesma, em um estado de consciência para além do pensamento. Eis o ponto de chegada que *A sabedoria da insegurança*, como todo livro da verdade, não pode entregar embrulhado e com um laço. Mas um livro desses pode simbolicamente desenhar o círculo para nós, e este faz isso de forma esplêndida. Quem quer que precise de uma correção de percurso na vida teria a sorte de ser guiado por uma obra como essa. Quase trinta anos depois, eu ainda sou.

PREFÁCIO DESTA EDIÇÃO
Lauro Henriques Jr.*

"A nossa é uma era de frustração, ansiedade, agitação [...] Somos sedentos de distração – um panorama de imagens, sons, experiências e excitações no qual o máximo possível deve ser incluído no menor tempo possível. [...] Os olhos vagam sem descanso, da televisão para o jornal, dele para a revista, mantendo a pessoa em um tipo de orgasmo sem pausa através de uma série de relances provocantes de carros que brilham, corpos femininos que brilham e outras superfícies sensuais."

Escrito há décadas por Alan Watts, o trecho acima parece ter sido elaborado diretamente para os dias de hoje,

---

* Escritor e jornalista, Lauro Henriques Jr. tem oito livros publicados, um deles já traduzido para o espanhol. Entre suas obras, estão os três volumes da série *Palavras de Poder*, da editora Alaúde, que traz entrevistas com alguns dos principais nomes da espiritualidade e do autoconhecimento no Brasil e no mundo.

quando vivemos uma era de ansiedade e distração sem precedentes, com a parafernália de celulares, tablets, redes sociais, aplicativos, whatsapps e outros aparatos que – quando usados de forma inconsciente – funcionam apenas como fonte de alienação instantânea. De acordo com Watts, "É por isso que todos os eventos da civilização estão corridos, porque quase ninguém aproveita o que tem e está sempre procurando cada vez mais". Uma compulsão escapista que, em última instância, simplesmente aniquila a nossa capacidade de viver.

Como remédio para essa espécie de cegueira coletiva, Watts usa de toda sua verve para abrir os nossos olhos – mesmo que a golpes de picareta – para as escolhas que temos feito e as que ainda podemos fazer na vida. Como ele diz: "O sentido da vida é estar vivo. É tão claro, tão óbvio e tão simples. Mesmo assim, todo mundo não para de correr em pânico, como se fosse necessário conseguir alguma coisa além de si próprio".

Na verdade, não é à toa que a fala de Watts ressoe de forma tão clara e direta nos dias de hoje. Em essência, o tipo de conhecimento trazido por ele é o que se costuma chamar de "filosofia perene", uma sabedoria atemporal, pautada não pelo tempo do relógio, mas pelo tempo da alma, da realidade última e verdadeira.

Na companhia de outros mestres e "gurus às avessas" como Jiddu Krishnamurti, Aldous Huxley e Osho, Watts foi um dos pensadores, ou melhor, um dos provocadores mais afiados do mundo contemporâneo, tendo influenciado diversas gerações nas mais variadas áreas, desde intelectuais, poetas e artistas até, claro, pessoas ligadas ao universo do autoconhecimento, como o próprio Deepak Chopra, autor da abrangente apresentação desta obra. Uma influência que se deve não apenas às dezenas de livros que publicou, mas também à sua impressionante habilidade como comunicador. Além de ter mantido, por anos, um programa de rádio, Watts foi um orador prolífico, tendo proferido centenas de palestras ao longo da vida, a maioria delas gravadas.

E são justamente as gravações desses programas de rádio e palestras que serviram de base para a redescoberta e a surpreendente popularização de suas ideias entre as novas gerações. Nos últimos anos, a internet foi inundada por vídeos, animações, montagens, remixes e toda sorte de criações artísticas baseadas nos áudios de Watts. Para se ter uma ideia, a lista dos dez vídeos mais populares de Watts no YouTube soma dezenas de milhões de visualizações, fazendo dele um dos campeões de audiência na web. Entre esses vídeos, estão produções caprichadas e instigantes, como uma série de animações feita pelos criadores do aclamado desenho *South Park*, assim como uma animação produzida pelo próprio desenhista dos *Simpsons*. Como denominador comum a todas essas produções, está o discurso mordaz e extremamente atual de Watts.*

Além da profusão de vídeos e animações na internet, Watts tem sido fonte de inspiração para dezenas de bandas, que incluem trechos de áudios do filósofo no meio de suas músicas – como fez Ian Astbury, vocalista da banda The

---

* Uma busca rápida no Youtube traz dezenas de vídeos inspirados nos áudios de Alan Watts. Outra opção é acessar este link, que reúne várias produções legendadas em português: <http://despertarcoletivo.com/alan-watts/>.

Cult –, ou é celebrado por artistas consagrados como o compositor Van Morrison, que escreveu a canção "Alan Watts Blues" em sua homenagem.

O renascimento de Watts inclui até uma participação especial no premiado filme *Ela* – dirigido por Spike Jonze e estrelado por Joaquin Phoenix e Scarlett Johansson –, que foi o ganhador do Oscar de Roteiro Original em 2104. Watts "aparece" em um dos momentos cruciais da trama, na voz de um sistema de inteligência artificial que conversa com o casal de protagonistas – a voz do filósofo é dublada pelo ator Brian Cox, no mesmo sotaque do inglês britânico de Watts.

Esse *boom* artístico em torno de sua obra certamente seria visto com muito bons olhos pelo filósofo. Afinal, como ele diz: "Os poetas perceberam a verdade, ou seja, que vida, mudança, movimento e insegurança são os vários nomes da mesma coisa. Nessa esfera, mais que em qualquer outra, verdade é beleza, pois movimento e ritmo fazem parte da essência de tudo que é digno de amor".

Na verdade, o próprio Watts se referia a si mesmo como sendo um artista, um *performer* cujo trabalho era voltado para o despertar da consciência. Na abertura de uma de suas palestras, ele afirma: "Gostaria de deixar algo absolutamente claro [...] não estou tentando converter ninguém ao zen-budismo, não estou vendendo nada – eu sou um *entertainer*. Digo isso no mesmo sentido de quando vocês vão a um concerto e escutam alguém tocar Mozart. Essa pessoa não está vendendo nada, a não ser o som da música. Ela não quer lhes converter a nada; ela não quer, por exemplo, que vocês se filiem a alguma organização em prol da música de Mozart, em vez da de Beethoven. É nesse mesmo espírito que venho até vocês – como um músico com seu piano, ou um violonista com seu violino. Quero apenas que vocês desfrutem de um ponto de vista de que eu mesmo gosto".

Outra amostra desse espírito libertário e iconoclasta de Watts pode ser encontrada nas páginas do escritor *beatnik* Jack Kerouac. É o caso do livro *Os vagabundos iluminados*, em que Watts aparece como o personagem Arthur Whane – no livro, Kerouac usa nomes fictícios para falar de situações reais vividas por ele. Como neste trecho, em que o protagonista Ray Smith (baseado no próprio Kerouac) narra seu encontro com Watts/Arthur Whane: "Saí para a fogueira [...] Arthur Whane estava sentado sobre uma tora, bem vestido, de terno e gravata, e fui até lá e lhe perguntei: 'Bom, o que é o budismo? Será a magia da imaginação fantástica do relâmpago, serão peças, sonhos, ou nem mesmo peças, sonhos?'. 'Não, para mim o budismo é conhecer o maior número de pessoas possível.' E lá estava ele circulando pela festa todo afável, cumprimentando todo mundo com apertos de mão e batendo papo, como se estivesse em um coquetel".

Pois com esta edição de *A sabedoria da insegurança*, temos, todos nós, uma belíssima oportunidade de conhecer esse filósofo – e, ao conhecê-lo, conhecermos a nós mesmos.

PREFÁCIO

Sempre fui fascinado pela lei do esforço contrário. Às vezes, eu a chamo de "lei do avesso". Quando tentamos permanecer na superfície, afundamos; mas quando tentamos afundar, boiamos na água. Quando seguramos a respiração, perdemos o ar – o que imediatamente faz pensar em um dito antigo e muito negligenciado: "Pois quem quiser salvar sua vida vai perdê-la".

Este livro é uma exploração dessa lei aplicada à busca da humanidade por segurança psicológica e aos esforços para encontrar certezas espirituais e intelectuais na religião e na filosofia. Foi escrito com a convicção de que nenhum tema poderia ser mais apropriado em um momento em que a vida humana parece tão estranhamente insegura e incerta. Afirma que tal insegurança é o resultado de tentar ficar seguro e que, por outro lado, a salvação e a sanidade consistem no reconhecimento mais extremo de que não temos como salvar a nós mesmos.

Começa a parecer alguma coisa saída de *Alice através do espelho*, para o qual este livro é uma espécie de equivalente filosófico. Pois o leitor vai se ver com frequência em um mundo de cabeça para baixo, no qual a ordem normal das coisas parece completamente invertida e o bom senso, do avesso. Quem leu alguns dos meus livros anteriores, como *Behold the Spirit* [Contemple o espírito] e *The Supreme Identity* [A identidade suprema] vai encontrar coisas que parecem contradizer completamente o que eu disse antes. No entanto, isso só é verdade em pontos de menor importância. Pois descobri que a essência e o ponto crucial do que eu estava tentando dizer naqueles livros quase não eram entendidos; a estrutura e o contexto do pensamento muitas vezes escondiam o significado. Minha intenção é abordar o mesmo significado partindo de premissas completamente diferentes, e em termos que não confundam o pensamento com a plêiade de associações irrelevantes que o tempo e a tradição penduraram nele.

Naqueles livros, eu estava concentrado em reivindicar alguns princípios de religião, filosofia e metafísica através de uma reinterpretação dos mesmos. Só que foi como colocar pernas numa cobra – desnecessário e confuso, porque só verdades duvidosas precisam de defesa. Este livro, contudo, é feito no espírito do sábio chinês Lao Tzu, um mestre da lei do esforço contrário, que declarou que quem se justifica não convence, que para conhecer a verdade é preciso se livrar do conhecimento, e que nada é mais poderoso e criativo que o vazio – que a humanidade evita. Aqui, portanto, minha meta é mostrar – do avesso – que as realidades essenciais da religião e da metafísica são justificadas ao serem dispensadas, e são manifestas ao serem destruídas.

É uma obrigação agradável reconhecer que a preparação deste livro foi possível por causa da generosidade da fundação estabelecida pelo falecido Franklin J. Matchette, de Nova York, um homem que dedicou grande parte da vida aos problemas da ciência e da metafísica, um daqueles raros empresários que não foram totalmente absorvidos pelo círculo vicioso de ganhar dinheiro para ganhar dinheiro para ganhar dinheiro. A Matchette Foundation, portanto, se dedica aos estudos metafísicos e, desnecessário dizer, é para mim um sinal de discernimento e imaginação da parte dele ter demonstrado interesse em uma abordagem tão "contrária" ao conhecimento metafísico.

Alan Watts
São Francisco
Maio de 1951

1. A ERA DA ANSIEDADE

De acordo com todas as aparências externas, nossa vida é uma faísca entre uma escuridão eterna e outra. Só que o intervalo entre essas duas noites não é um dia sem nuvens, pois quanto mais sentimos prazer, mais ficamos vulneráveis à dor – e, seja em primeiro ou em segundo plano, a dor está sempre conosco. Estamos acostumados a achar que a existência vale a pena através da crença de que há algo mais que a aparência externa – de que vivemos para um futuro além desta vida. Pois a aparência externa parece não ter sentido. Se viver é acabar em dor, incompletude e inexistência, parece uma experiência cruel e fútil para seres que nasceram para raciocinar, ter esperança, criar e amar. O ser humano, como ser de sentido, quer que a vida tenha sentido, mas acha difícil acreditar que tenha mesmo, a não ser que exista algo além do que ele vê – a não ser que haja uma ordem eterna e uma vida eterna por trás da experiência momentânea e incerta da vida e da morte.

Pode ser que não me perdoem por apresentar um assunto sério com uma ideia frívola, mas o problema de fazer com que o caos aparente da experiência tenha sentido me lembra do meu desejo infantil de mandar um pacote com água pelo correio. O destinatário abre a caixa e solta um dilúvio no colo. Mas a brincadeira nunca daria certo, pois é impossível embalar e amarrar uma poça de água em um pacote de papel. Alguns tipos de papel não desintegram quando se molham, mas o problema é dar uma forma manejável à agua e amarrar o laço sem estourar o embrulho.

Quanto mais estudamos as soluções já testadas para problemas políticos e econômicos, artísticos, filosóficos e religiosos, mais temos a impressão de que gente extremamente talentosa está desperdiçando inteligência com a tarefa impossível e fútil de tentar colocar a água da vida em pacotes bem arrumados e permanentes.

Há muitas razões que fazem com que isso deva ser óbvio para alguém que vive hoje. Sabemos muito sobre história, sobre todas as tentativas de pacote que acabaram desmontando. Sabemos tantos detalhes sobre os problemas da vida que eles resistem a simplificações fáceis e parecem mais complexos e disformes do que nunca. Além do mais, a ciência e a indústria aumentaram tanto o ritmo e a violência da vida que nossos pacotes parecem desmontar todo dia cada vez mais rápido.

Há, então, a sensação de que vivemos em uma era de insegurança fora do normal. Nos últimos cem anos, muitas tradições sólidas caíram por terra – tradições de família, da vida social, do governo, de ordem econômica e de crença religiosa. Conforme os anos passam, parece que contamos cada vez menos com pedras nas quais poderíamos nos segurar, que temos cada vez menos coisas que podemos tomar como absolutamente verdadeiras, certas e fixas para sempre.

Para alguns, é uma liberação bem-vinda de restrições impostas por dogmas morais, sociais e espirituais. Para outros, é uma ruptura perigosa com a razão e com a sanidade, que tende a jogar a vida humana em um caos sem saída. Para muitos, talvez, o sentimento de libertação tenha dado uma alegria breve, seguida pela ansiedade mais profunda. Pois, se tudo é relativo, se a vida é uma torrente sem forma nem meta em cujo fluxo absolutamente nada a não ser a própria mudança pode permanecer, ela parece ser algo "sem futuro", logo, sem esperança.

Seres humanos ficam felizes desde que tenham um futuro pelo qual esperar – seja "diversão" amanhã ou vida eterna além-túmulo. Por várias razões, cada vez mais pessoas acham difícil acreditar na última. Por outro lado, a primeira tem a desvantagem de que, quando a "diversão" acontece, é difícil aproveitar sem a promessa de que há mais por vir. Se a felicidade sempre depende de uma expectativa futura, estamos correndo atrás de um fogo-fátuo que nunca vamos alcançar até o futuro, e nós mesmos, desaparecermos no abismo da morte.

De fato, nossa era não é mais insegura que qualquer outra. Pobreza, doença, guerra, mudança e morte não são novidade. No melhor dos tempos, a "segurança" nunca foi mais que temporária e aparente. Mas foi possível fazer com que a insegurança da vida humana fosse suportável através da crença em coisas imutáveis para além do alcance da calamidade – em Deus, na imortalidade da alma e pelas leis eternas do que é direito.

Hoje, essas convicções são raras, até mesmo nos círculos religiosos. Não há nenhuma camada da sociedade, deve haver até poucos indivíduos tocados pela educação moderna em quem não haja algum vestígio do fermento da dúvida. É simplesmente óbvio que durante o século passado a autoridade da ciência tomou o lugar da autoridade da religião na imaginação popular, e que o ceticismo, pelo menos a descrença em coisas espirituais, se tornou mais comum que a crença.

O declínio da crença se deu através de dúvida honesta, do pensamento cuidadoso e destemido de filósofos e cientistas inteligentíssimos. Movidos por zelo e reverência pelos fatos, tentaram ver, entender e encarar a vida como ela é sem idealismo. Ainda assim, apesar de tudo o que fizeram para melhorar as condições de vida, a imagem que eles pintaram do universo parece ter deixado o indivíduo sem esperança. O preço dos milagres que eles fizeram nesse mundo foi o desaparecimento do mundo por vir, e estamos inclinados a nos colocar a velha pergunta: "De que adianta alguém ganhar o mundo e perder a alma?" A lógica, a inteligência e a racionalidade estão satisfeitas, mas o coração ficou faminto. Pois o coração aprendeu a sentir que vivemos para o futuro. A ciência pode, devagar e de forma incerta, nos dar um futuro melhor – por alguns anos. Depois, para cada um de nós, será o fim. O fim de tudo. Não importa quanto demore, tudo o que foi composto vai entrar em decomposição.

Apesar de algumas opiniões contrárias, essa ainda é a visão geral da ciência. Em círculos literários e religiosos, é comum pensar que o conflito entre ciência e religião é coisa do passado. Há até uns cientistas de boa vontade que sentem que, quando a física moderna abandonou um materialismo atomista grosseiro, as principais razões para o conflito foram descartadas. Mas isso não é bem assim. Na maioria dos grandes centros de ensino, quem vive de estudar as implicações detalhadas da ciência e dos métodos científicos está mais longe do que nunca do que se entende como ponto de vista religioso.

A física nuclear e a relatividade acabaram como o velho materialismo, é verdade, mas nos deram uma visão do universo na qual há ainda menos espaço para ideias sobre propósito e projeto absolutos. O cientista moderno não é ingênuo a ponto de negar Deus porque ele não pode ser visto com um telescópio, nem a alma, porque não pode ser revelada pelo bisturi. Ele apenas percebeu que a ideia de Deus não tem necessidade lógica. Ele até duvida que essa ideia tenha algum significado. Não ajuda a explicar nada que ele não possa explicar de um jeito diferente e mais simples.

Argumenta que, se tudo o que acontece supostamente está sob providência e controle divinos, isso, na verdade, equivale a não dizer nada. Dizer que tudo é governado e criado por Deus é como dizer "Tudo está para cima" – o que não quer dizer nada. Essa noção não nos ajuda a fazer proposições verificáveis, portanto, a partir da perspectiva científica, não tem o menor valor. Os cientistas podem estar certos nesse ponto. Podem estar errados. Discutir essa questão não é nosso propósito. Só precisamos perceber que tal ceticismo tem enorme influência e estabelece o clima dominante da nossa era.

O que a ciência diz, em suma, é: nós não podemos, de jeito nenhum, saber se Deus existe. Nada que sabemos sugere que sim, e todos os argumentos que alegam provar a existência dele são desprovidos de significado lógico. De fato, não há nada que prove que Deus não existe, mas o fardo da prova continua sobre quem propõe a ideia. Quem acredita em Deus, os cientistas diriam, se baseia em um terreno puramente emocional, sem respaldo na lógica ou nos fatos. Falando em termos práticos, essa visão da ciência equivaleria a uma espécie de ateísmo. Em teoria, equivale a um mero agnosticismo. Pois faz parte da essência da honestidade científica não afirmar saber o que não se sabe, e faz parte da essência do método científico não propor hipóteses que não possam ser testadas.

Os resultados imediatos dessa honestidade são profundamente inquietantes e deprimentes. Pois a humanidade parece incapaz de viver sem uma forma de mito, sem acreditar que a rotina e a labuta, a dor e o medo desta vida tenham algum significado no futuro. Novos mitos são criados imediatamente – mitos políticos e econômicos, com promessas extravagantes do melhor do futuro neste mundo. Esses mitos dão ao indivíduo uma certa noção de significado ao fazer dele parte de um vasto esforço coletivo, no qual ele deixa de sentir um pouco do próprio vazio e da própria solidão. Ainda assim, a própria violência dessas religiões políticas denuncia a ansiedade por baixo delas – pois não passam de gente se juntando aos berros para se encorajar no escuro.

Uma vez que se suspeita que uma religião seja um mito, seu poder acaba. Pode ser necessário para a humanidade ter um mito, mas não é possível se receitar um conscientemente, como se fosse um comprimido para dor de cabeça. Um mito só pode "funcionar" quando é tomado como verdade, e o ser humano não pode "se fazer de bobo" de forma consciente e intencional por muito tempo.

Mesmo os melhores apologistas modernos da religião parecem ignorar o fato. Pois seus argumentos mais enérgicos, em prol de algum tipo de retorno à ortodoxia, são aqueles que mostram as vantagens sociais e morais da crença em Deus. Mas esse não prova que Deus é uma realidade. Prova, no máximo, que acreditar em Deus é útil. "Se Deus não existisse, seria necessário inventá-lo." Talvez. Mas se o público tiver qualquer suspeita de que ele não existe, irão inventá-lo em vão.

É por isso que o atual retorno à ortodoxia em alguns círculos intelectuais tem um tom bastante oco. Grande parte disso é mais a crença em crer do que a crença em Deus. O contraste entre o crente "moderno", culto, neurótico e inseguro, por um lado, e a paz interior e a dignidade tranquila do crente à moda antiga faz do último alguém a se invejar. Mas é um erro de aplicação da psicologia fazer com que a presença ou ausência de neurose seja o parâmetro da verdade, assim como argumentar que, se a filosofia de alguém faz com que essa pessoa seja neurótica, essa filosofia só pode estar errada. "A maioria dos ateus e agnósticos é neurótica, enquanto a maioria dos católicos é feliz e está em paz consigo. Portanto, a visão dos primeiros é falsa e a dos últimos, verdadeira."

Mesmo se essa observação for correta, o raciocínio em que ela se baseia é absurdo. Seria o mesmo que afirmar: "Você diz que o porão está pegando fogo. Você está nervoso por causa disso. Como você está nervoso, é óbvio que o porão não está pegando fogo". O agnóstico, o cético, é neurótico, mas isso não implica uma filosofia falsa; implica a descoberta de fatos aos quais ele não sabe como se adaptar. O intelectual que tentar fugir da neurose fugindo dos fatos está meramente agindo de acordo com o princípio que diz que "onde ignorância é uma benção, ser sábio é loucura".

Quando a crença no eterno se torna impossível, e existe apenas o pobre substituto da crença no próprio ato de acreditar, os seres humanos buscam a felicidade nas alegrias do seu tempo. Não importa quanto tentem enterrar o fato no fundo da mente, eles sabem muito bem que essas alegrias são incertas e efêmeras. Isso acarreta dois resultados. Por um lado, a ansiedade de não estar participando de algo, de forma que a mente volteia de maneira nervosa e voraz de um prazer ao outro, sem encontrar descanso e satisfação em nenhum. Por outro lado, a frustração de sempre ter que buscar um bem futuro em um amanhã que nunca chega, e em um mundo onde tudo se desintegra, leva os seres humanos a uma atitude de "Afinal, para que serve isso?"

Como consequência, a nossa é uma era de frustração, ansiedade, agitação e vício em alguma "droga". De alguma forma, devemos agarrar o que podemos enquanto podemos e pôr debaixo do tapete a percepção de que é tudo fútil e sem sentido. A "droga" é nosso alto padrão de vida, um estímulo dos sentidos complexo e violento que nos torna progressivamente menos sensíveis e, portanto, faz com que precisemos de ainda mais estímulos violentos. Somos sedentos de distração – um panorama de imagens, sons, experiências e excitações no qual o máximo possível deve ser incluído no menor tempo possível.

Para manter esse "padrão", a maioria de nós se dispõe a viver de uma maneira que consiste em fazer trabalhos que são um tédio, a fim de conquistar uma possibilidade de aliviar esse tédio durante intervalos de prazer caro e frenético. Esses intervalos são tidos como a *vida* real, o objetivo real por trás do mal necessário que é o trabalho. Ou imaginamos que a justificação para esse trabalho é a criação de uma família que vai continuar fazendo o mesmo tipo de coisa para criar outra família... e assim *ad infinitum*.

Isso não é uma caricatura. É a simples realidade de milhões de vidas, tão banais que mal precisamos nos deter nas minúcias, a não ser para notar a ansiedade e a frustração de quem vive assim sem saber o que mais fazer.

Mas o que *vamos* fazer? Parece haver duas alternativas. A primeira é, de um jeito ou de outro, descobrir um mito novo, ou ressuscitar o velho de forma convincente. Se a ciência não consegue *provar* que Deus não existe, podemos tentar viver e agir com base na possibilidade remota de que talvez ele exista no fim das contas. Parece não haver nada a perder nessa aposta, pois, se a morte for o fim, nunca vamos saber o que perdemos. Mas, obviamente, isso nunca vai levar a uma fé vital, pois, na verdade, não passa de dizer: "Já que é tudo fútil mesmo, vamos fingir que não é". A segunda é tentar encarar com seriedade o fato de que a vida é "um conto narrado por um idiota"* e fazer dela o que conseguirmos, deixando que a ciência e a tecnologia nos sirvam o melhor que puderem ao longo da nossa jornada do nada ao nada.

Ainda assim, essas não são as únicas soluções. Podemos começar acertando todo o agnosticismo de uma ciência crítica. Podemos admitir, francamente, que não temos base científica para acreditar em Deus, na imortalidade nem em qualquer tipo de absoluto. Podemos nos abster de uma vez por todas de tentar acreditar, encarando a vida exatamente como ela é, e nada mais. Desse *ponto de partida*, ainda há mais um tipo de vida, que não demanda mito nem desespero. Mas demanda uma revolução completa no nosso jeito habitual, comum, de sentir e pensar.

O que essa revolução tem de extraordinário é que ela revela a verdade por trás dos chamados mitos da religião e da metafísica tradicionais. Revela não crenças, mas realidades palpáveis que correspondem – inesperadamente – às ideias de Deus e de vida eterna. Há motivos para supor que uma revolução desse tipo tenha sido a fonte original de algumas das principais ideias religiosas, colocando-se em relação a elas como a realidade se coloca em relação ao símbolo, e a causa ao efeito. O erro comum da prática religiosa comum é tomar o símbolo pela realidade, ver um dedo apontando um caminho e chupar esse dedo em busca de conforto, em vez de seguir o caminho. As ideias religiosas são como as palavras – têm pouca serventia e com frequência são enganosas, a não ser que se conheça

---

* "Um conto narrado por um idiota, cheio de som e fúria, que não significa nada." – William Shakespeare, *Macbeth*. (N. do T.)

a realidade concreta a que elas se referem. A palavra "água" é um meio útil de comunicação entre as pessoas que conhecem água. O mesmo pode ser dito da palavra e da ideia de "Deus". Não quero parecer misterioso nem defender "conhecimento secreto". A realidade que corresponde a "Deus" e "vida eterna" é honesta, sem truques, simples e aberta para quem quiser enxergar. Mas enxergar demanda correção da mente, assim como ver com clareza às vezes demanda correção dos olhos.

Crença mais atrapalha que ajuda a descoberta dessa realidade, seja crença em Deus ou no ateísmo. Agora precisamos fazer uma distinção clara entre crença e fé, porque, na prática comum, crença passou a significar um estado de espírito quase oposto à fé. Crença, como estou usando a palavra, é a insistência de que a verdade é o que nós "apreciaríamos" ou o que gostaríamos que fosse. O crente abre a cabeça para a verdade sob a condição de que a verdade condiga com seus desejos e ideias preconcebidos. A fé, por outro lado, é a abertura sem reservas da cabeça para a verdade, seja lá o que acabar sendo verdade. A fé não tem ideias preconcebidas; é um mergulho no desconhecido. A crença agarra, mas a fé deixa ir e vir. Nesse sentido da palavra, fé é a virtude fundamental da ciência, assim como de qualquer religião que não seja autoenganação.

A maioria de nós acredita para se sentir seguro, para fazer a vida individual parecer valiosa e significativa. A crença se tornou, portanto, uma tentativa de se apegar à vida, de apanhá-la e conservá-la para si. Mas não se pode entender a vida e seus mistérios enquanto se tenta apanhá-la. Na verdade, não é possível apanhá-la, assim como não é possível sair andando com um rio dentro de um balde. Se alguém tenta colocar água corrente dentro de um balde, obviamente não entende o que é água corrente e sempre vai se decepcionar porque a água não corre dentro do balde. Para "ter" água corrente é preciso não segurar a água, para que ela corra. A mesma coisa é verdade sobre a vida e Deus.

A fase atual da história e do pensamento humano é especialmente apropriada para esse "não segurar". Nossa mente foi preparada para isso pelo próprio colapso das crenças em que buscávamos segurança. De um ponto de vista que está estrita, embora estranhamente, de acordo com certas tradições religiosas, o desaparecimento de velhas tábuas de salvação e verdades absolutas não é nenhuma calamidade, mas, pelo contrário, uma bênção. Praticamente nos obriga a encarar a realidade com a cabeça aberta, e só é possível conhecer Deus de mente aberta, assim como só se pode ver o céu através de uma janela clara. Não dá para ver o céu se o vidro da janela estiver pintado de azul.

Mas pessoas "religiosas", que resistem à remoção da tinta da janela, que encaram a atitude científica com medo e desconfiança, que confundem fé com apego a certas ideias, são estranhamente ignorantes em relação às leis da vida espiritual que deviam ter encontrado nas próprias tradições. Um estudo cuidadoso de religião comparada e de filosofia espiritual revela que o abandono da crença, de qualquer apego à vida futura em benefício da própria, e de qualquer tentativa de escapar da finitude e da mortalidade, é um estágio regular e normal no caminho do espírito. Na verdade, é inclusive um "primeiro princípio" da vida espiritual que deveria ter sido óbvio desde o começo, e surpreende, no fim das contas, que teólogos cultos devam adotar qualquer postura que não seja cooperativa em relação à filosofia crítica da ciência.

Claro, não é novidade nenhuma que a salvação só vem através da morte da forma humana de Deus. Mas talvez não tenha sido tão fácil ver que a forma humana de Deus não é apenas o Cristo histórico, mas também as imagens, ideias e crenças no Absoluto às quais a mente humana se apega. Eis o sentido completo do mandamento "Não talharás para ti nenhuma imagem, nem à semelhança de algo que esteja no céu [...]; não deves reverenciá-las nem adorá-las".

Para descobrir a Realidade fundamental da vida – o Absoluto, o eterno, Deus – é preciso parar de tentar tocá-la na forma de ídolos. Esses ídolos não são apenas imagens grosseiras, como a imagem mental de Deus como um senhor de idade em um trono dourado. São nossas crenças, nossas estimadas preconcepções da verdade, que criam obstáculos a abrir a mente e o coração sem reservas para a realidade. O uso legítimo de imagens serve para expressar a verdade, não a possuir.

Isso sempre foi reconhecido nas grandes tradições orientais, como o budismo, o Vedanta e o taoísmo. O princípio não é desconhecido dos cristãos, pois estava implícito nos ensinamentos de Cristo e em toda a sua história. A vida dele foi, desde o começo, aceitação e compreensão total da insegurança. "As raposas têm tocas e os pássaros no ar têm ninhos, mas o Filho do Homem não tem onde pousar a cabeça."

O princípio é ainda mais adequado se Cristo for tomado como divino no sentido mais ortodoxo – como encarnação única e especial de Deus. Pois o tema básico da história de Cristo é que essa "imagem expressa" de Deus se torna a fonte da vida no próprio ato de ser destruída. Aos apóstolos que tentaram se apegar à divindade na forma da sua individualidade humana, ele explicou: "A não ser que um grão de milho caia na terra e morra, permanece sem frutos. Mas, ao morrer, produz muitos frutos". Na mesma veia, ele os advertiu: "É necessário para vocês que eu me vá, pois, se eu não me for, o Paracleto (o Espírito Santo) não poderá vir até vocês".

Mais do que nunca, essas palavras são aplicáveis aos cristãos e expressam com precisão todas as circunstâncias do nosso tempo. Pois nunca entendemos de fato o sentido revolucionário por trás delas – a verdade incrível de que o que a religião chama de visão de Deus é encontrada ao desistir de qualquer crença na ideia de Deus. Pela mesma lei do esforço contrário, descobrimos o "infinito" e o "absoluto", não através do empenho em escapar do mundo finito e relativo, mas através da mais completa aceitação de suas limitações. Por mais paradoxal que pareça, achamos que a vida tem sentido só depois de ver que ela não tem propósito, e conhecemos o "mistério do universo" só depois de nos convencermos que não sabemos absolutamente nada sobre ele. O agnóstico, o relativista e o materialista comuns não conseguem chegar a esse ponto porque não seguem sua linha de raciocínio com consistência até o fim – um fim que poderia ser a surpresa da vida deles. Abandonam a fé, abertura para a realidade, rápido demais, e deixam que a mente se endureça na doutrina. A descoberta do mistério, a maravilha além das maravilhas, não demanda crença, pois só podemos acreditar no que já sabemos, preconcebemos e imaginamos. Mas *isso* está além de qualquer imaginação. Só precisamos abrir bem os olhos e a mente para que "a verdade venha à tona".

2. DOR E TEMPO

Quase todo mundo, às vezes tem inveja dos animais. Sofrer e morrer não parece ser um "problema" para eles. Sua vida parece ter pouquíssimas complicações. Comem quando estão com fome, dormem quando estão cansados, e suas poucas preocupações com o futuro parecem regidas mais por instinto que por ansiedade. Pelo que podemos dizer, os animais estão tão ocupados com o que fazem em determinado instante que nunca passa pela cabeça deles questionar se a vida tem significado ou futuro. Para o animal, a felicidade consiste em aproveitar a vida no presente imediato – não na convicção de alegrias futuras.

Isso não acontece porque os animais sejam bestas insensíveis. Com bastante frequência, eles têm visão, audição e olfato mais apurados que o nosso, e não se pode duvidar que tirem o maior prazer da comida e do sono. Apesar dos sentidos apurados, eles têm, no entanto, um cérebro consideravelmente insensível. É mais especializado que o nosso, o que faz com que os animais sejam criaturas de hábitos; são incapazes de raciocinar e abstrair, tendo capacidades extremamente limitadas de memória e antecipação.

Não se questiona que, por sua sensibilidade, o cérebro humano traga ganhos incomensuráveis à riqueza da vida. No entanto, pagamos caro por isso porque essa sensibilidade maior nos torna especialmente vulneráveis. É possível ser menos vulnerável ao se tornar menos sensível – mais parecido com uma pedra do que com um ser humano –, portanto menos apto ao prazer. Sensibilidade implica em ser frágil e vulnerável em alto grau – olhos, tímpanos, papilas gustativas e terminações nervosas culminam no organismo ultradedicado do cérebro. E não são apenas frágeis e vulneráveis, mas também perecíveis. Parece não haver maneira efetiva de reduzir a delicadeza e o definhamento do tecido vivo sem reduzir também sua vitalidade e sensibilidade.

Para ter prazeres intensos, precisamos estar expostos a dores intensas. Amamos o prazer e odiamos a dor, mas parece impossível ter o primeiro sem a segunda. Na verdade, parece que os dois *precisam* se alternar de algum jeito, pois prazer contínuo é um estímulo que entedia se não aumentar. E o aumento endurece a capacidade de sentir ou acaba em dor. Uma dieta constante de comida pesada destrói o apetite ou a saúde.

Portanto, se a vida é considerada algo bom, a morte deve ser ruim na mesma proporção. Quanto mais somos capazes de amar outra pessoa e de aproveitar a companhia dela, maior será a dor quando ela morrer ou quando nos separarmos. Quanto mais longe o poder da consciência penetra na experiência, maior é o preço que se paga pelo conhecimento.

É compreensível que às vezes nos perguntemos se a vida não chegou longe demais nesse caminho, se "dá para o gasto" e se seria ou não melhor mudar o rumo da evolução para o único sentido possível – para trás, para a paz relativa do animal, do vegetal e do mineral.

Tentativas do gênero costumam ser feitas. Por exemplo, a mulher que, após se machucar profundamente no amor ou no casamento, jura nunca mais deixar outro homem brincar com os sentimentos dela, assumindo o papel de solteirona amargurada. Talvez seja ainda mais comum o menino sensível que aprende na escola a se trancar para o resto da vida na concha da atitude de "durão". Como adulto, interpreta, para se proteger, o papel do troglodita para quem cultura emocional ou intelectual é coisa de mulher ou de "maricas". Ao extremo, o final lógico para esse tipo de reação à vida é o suicídio. De certo modo, pessoas endurecidas sempre são em parte suicidas; algo delas já está morto.

Ou seja, para sermos humanos plenos, plenamente vivos e conscientes, parece que devemos estar dispostos a sofrer em troca dos prazeres. Sem essa disposição, não pode haver crescimento na intensidade da consciência. Mesmo assim, falando de modo geral, não estamos dispostos, e talvez seja considerado estranho supor que possamos estar. Pois a "nossa natureza" se volta tanto contra a dor que a própria noção de "estar disposto" a lidar com ela além de um certo ponto pode parecer impossível e sem sentido.

Nessas circunstâncias, a vida que vivemos é uma contradição e um conflito. Já que consciência *necessariamente* envolve tanto prazer quanto dor, a busca pelo prazer em detrimento da dor é, de fato, a busca pela perda da consciência. Como essa perda é, em princípio, o mesmo que a morte, isso significa que quanto mais lutamos pela vida (enquanto prazer), mais estamos matando o que amamos.

Na verdade, essa é a atitude comum do ser humano. Pois a maior parte da atividade humana é projetada de forma a tornar permanente as experiências e alegrias que só são agradáveis porque são mutáveis. Música é um deleite por causa do ritmo e do fluxo. Mesmo assim, no momento em que o fluxo é interrompido e uma nota ou um acorde são prolongados além do tempo, o ritmo fica destruído. Como a vida é um fluxo semelhante, mudança e morte fazem parte dela. Trabalhar para excluí-las é trabalhar contra a vida.

No entanto, a simples experiência de alternar dor e prazer não é de forma alguma o centro do problema humano. A razão pela qual queremos que a vida signifique alguma coisa, pela qual buscamos Deus ou a vida eterna, não é apenas tentar sair de uma experiência imediata de dor. Também não é por isso que assumimos atitudes e papéis como hábitos de autoproteção perpétua. O problema real não vem da sensibilidade momentânea à dor, mas da nossa maravilhosa capacidade de memória e de antecipação – resumindo, da nossa consciência de *tempo*.

Para que o animal seja feliz, basta que este momento seja agradável. Mas o ser humano dificilmente fica satisfeito com isso. Ele está muito mais preocupado em ter memórias e, especialmente, expectativas agradáveis. Se isso não estiver garantido, pode-se lidar com um presente dos mais miseráveis. Sem essa garantia, pode-se ser extremamente infeliz em pleno prazer físico imediato.

Imagine alguém que sabe que passará por uma cirurgia dentro de duas semanas. Nesse meio tempo, essa pessoa não sente dor física; tem bastante o que comer; está cercada de amigos e de afeto humano; tem um trabalho que costuma lhe despertar grande interesse. Mas sua capacidade de aproveitar essas coisas é anulada pelo medo constante. O sujeito fica insensível às realidades imediatas ao seu redor. A mente se preocupa com algo que ainda não chegou. Não que pense sobre isso de modo prático, tentando decidir se é melhor fazer a cirurgia ou não, fazendo planos para cuidar da família e de seus assuntos em caso de morte. Essas decisões já foram tomadas. Em vez disso, a pessoa pensa na cirurgia de uma forma completamente fútil, que arruína os gostos presentes da vida e não contribui em nada com a solução de nenhum problema. Mas não há o que fazer.

Eis o problema humano típico. A razão do medo pode não ser uma cirurgia em um futuro imediato. Pode ser o problema do aluguel do mês que vem, da ameaça de uma guerra ou de um desastre social, de conseguir economizar dinheiro para a velhice, ou da morte, por fim. Esse "estorvo do presente" pode nem ser um medo futuro. Pode ser algo do passado, a lembrança de uma mágoa, de um crime ou de uma indiscrição que assombra o presente com uma sensação de ressentimento ou de culpa. O poder das lembranças e das expectativas é tanto que, para a maioria dos seres humanos, o passado e o futuro não são *tão reais quanto* o presente, mas *mais reais que* ele. O presente não pode ser vivido com felicidade a não ser que o passado esteja "limpo" e o futuro brilhe de expectativas.

Não se pode duvidar que a capacidade de lembrar e fazer previsões, de colocar em sequência organizada uma parafernália caótica de momentos desconexos, seja um desenvolvimento maravilhoso da sensibilidade. De certa forma, é *a* conquista do cérebro humano que dá ao homem capacidades extraordinárias de sobrevivência e de adaptação à vida. Mas o jeito que costumamos usar essa capacidade tende a destruir todas as vantagens que ela traz. Pois é de pouca serventia poder lembrar e fazer previsões se isso nos impedir de viver plenamente agora.

De que adianta planejar uma refeição para a semana que vem se eu não puder realmente aproveitar enquanto estiver comendo? Se estou tão ocupado planejando o que vou comer daqui uma semana que não consigo aproveitar plenamente o que estou comendo *agora*, vou estar no mesmo dilema quando as refeições da semana que vem se tornarem "agora".

Se minha felicidade neste momento consiste basicamente em repassar lembranças felizes e em expectativas, tenho apenas uma vaga consciência do presente. E vou continuar tendo uma vaga consciência do presente quando as coisas boas que estou esperando passarem. Pois vou ter criado o hábito de olhar para trás e para a frente, o que dificulta minha relação com o aqui e com o agora. Portanto, se minha consciência do passado e do futuro diminui minha consciência do presente, devo começar a me perguntar se estou mesmo vivendo no mundo real.

No fim das contas, o futuro não tem muito significado nem importância a não ser que, mais cedo ou mais tarde, se torne o presente. Dessa forma, fazer planos para um futuro que não vai se tornar presente não é muito mais absurdo que fazer planos para um futuro que, quando chegar até mim, vai me encontrar "ausente", com o olhar perdido e distante, em vez de fixo nos olhos dele.

Esse tipo de vida que se dá na fantasia da expectativa em vez de na realidade do presente é o problema específico dos empresários que vivem só para ganhar dinheiro. Muita gente rica entende mais de ganhar e economizar dinheiro do que de usá-lo e usufruir dele. Essas pessoas não conseguem viver porque estão sempre se preparando para viver. Em vez de ganhar a vida, estão ganhando ganhos, por isso, quando chega a hora de relaxar, elas não conseguem. Mais de uma pessoa "bem-sucedida" fica entediada e infeliz quando se aposenta e volta a trabalhar só para impedir que um jovem fique com sua vaga.

De outro ponto de vista, o jeito como usamos a memória e a capacidade de prever nos torna menos, e não mais, adaptáveis à vida. Se para aproveitar até mesmo um presente agradável *precisamos* da garantia de um futuro feliz, estamos "pedindo demais". Não temos tal garantia. As melhores previsões ainda estão no domínio da probabilidade e não no da certeza, e, até onde sabemos, todos vamos sofrer e morrer. Portanto, se não conseguimos viver com alegria sem um futuro garantido, não estamos mesmo adaptados para viver em um mundo finito onde, apesar dos melhores planos, acidentes acontecem e no fim a morte chega.

Este, portanto, é o problema humano: todo aumento de consciência tem um preço. Não podemos ficar mais sensíveis ao prazer sem ficar mais sensíveis à dor. Rememorando o passado, podemos planejar o futuro. Mas a habilidade de planejar os prazeres é contrabalanceada pela "habilidade" de ter pavor da dor e medo do desconhecido. Além do mais, o crescimento de uma percepção apurada do passado e do futuro nos dá uma percepção do presente que é vaga na mesma proporção. Em outras palavras, parece que chegamos no ponto em que as vantagens de ser consciente ficaram menores que as desvantagens, em que a sensibilidade extrema nos torna inadaptáveis.

Nessas circunstâncias, nós nos sentimos em conflito com o corpo e com o mundo ao redor, e consola ser capaz de pensar que nesse mundo contraditório não passamos de "estrangeiros e peregrinos"*. Pois se nossos desejos não estão de acordo com nada que o mundo finito tem para oferecer, pode parecer que nossa natureza não é deste mundo, que nosso coração não foi feito para a finitude, mas para o infinito. O desgosto da alma seria o carimbo da sua divindade.

Desejar alguma coisa prova que essa coisa existe? Não necessariamente. Talvez seja um consolo pensar que somos cidadãos de outro mundo que não este e que, depois do nosso exílio nesta terra, vamos voltar para o verdadeiro lar dos nossos sonhos. Mas, se *formos* mesmo cidadãos deste mundo

---

* Hebreus, 11:13 e 1 Pedro, 2:11. (N. do T.)

e se não houver satisfação para os descontentamentos da alma, isso não significa que a natureza cometeu um grave erro ao produzir o ser humano?

Pois pode parecer que, no ser humano, a vida está em confronto desesperado consigo mesma. Para ser feliz, é preciso ter o que não podemos ter. No ser humano, a natureza concebeu desejos impossíveis de satisfazer. Para que possamos beber mais da fonte do prazer, a natureza nos deu habilidades que nos deixam mais suscetíveis à dor. Ela nos deu a capacidade de controlar um pouco do futuro – o preço é a frustração de saber que vamos perder a partida no fim. Se achamos que isso é absurdo, quer dizer que a natureza nos deu inteligência para reprovar essa mesma inteligência como algo absurdo. A consciência parece ser o engenhoso método de autotortura da natureza.

Claro que não queremos acreditar que isso seja verdade. Mas seria fácil mostrar que a maioria dos argumentos contrários não passa de idealização – o método que a natureza usa para prevenir suicídios e deixar que a idiotice continue. Pensar, portanto, não é o bastante. Precisamos ir mais fundo. Precisamos analisar esta vida, esta natureza que se tornou consciente dentro de nós, e descobrir se ela está mesmo em conflito consigo mesma, se ela quer *mesmo* o alívio para a dor e a segurança que nunca poderá ter.

3. O GRANDE RIO

Parecemos moscas no mel. Porque a vida é doce, não queremos soltá-la, mas, quanto mais nos ligamos a ela, mais presos, limitados e frustrados ficamos. Amamos e odiamos a vida ao mesmo tempo. Nós nos apaixonamos por pessoas e por bens materiais só para sermos torturados pela ansiedade que causam. O conflito não é entre nós e o universo ao redor; é entre nós e nós mesmos. Pois a natureza intratável está tanto em volta quanto dentro de nós. A "vida" exasperadora que é adorável e perecível, agradável e dolorosa, uma bênção e uma maldição, também é a vida do corpo.

É como se fôssemos divididos em duas partes. De um lado, o "eu" consciente, intrigado e perplexo, a criatura pega na armadilha. Do outro lado, "mim", e "mim" é uma parte da natureza – a carne teimosa com todas as suas limitações simultaneamente belas e frustrantes. "Eu" se considera um

cara razoável e critica a perversidade de "mim" o tempo todo
– por ter paixões que dão problema para "eu", por se sujeitar
com tanta facilidade a doenças irritantes e dolorosas, por ter
órgãos que se desgastam e por ter apetites que nunca se satisfazem – de forma que tentar juntá-los de uma vez por todas
em um único "pacote" é a receita para ficar doente.

Talvez a coisa mais irritante a respeito de "mim", a respeito da natureza e do universo, é que ele nunca vai "sossegar". É como uma mulher bonita que nunca vai ser pega e cujo charme consiste justamente na esquiva. Pois o caráter perecível e mutável do mundo é indissociável do que o faz vivo e digno de amor. É por isso que os poetas costumam atingir o ápice quando falam de mudança, da "transitoriedade da vida humana". A beleza desse tipo de poesia transcende um toque de nostalgia que dá um aperto na garganta.

> Nosso espetáculo acabou. Os atores
> que representaram para nós são,
> como eu havia te prevenido que seriam, espíritos,
> e todos sumiram, desapareceram.
> E, assim como o fundamento sem base dessa visão,
> as torres encimadas por nuvens, os maravilhosos palácios,
> os templos solenes, todo este grande globo
> – sim, com tudo dentro – vai se dissolver
> e, assim como esse desfile imaterial,
> vai se apagar sem deixar rastro.[*]

---

[*] Fala de Próspero na peça *A tempestade*, de William Shakespeare. Em tradução livre. (N. do T.)

Não é bonito só por causa da sucessão de imagens melódicas, e o tema da dissolução não é esplendoroso só por causa das coisas que são dissolvidas. A verdade é que as imagens, embora belas em si mesmas, ganharam vida ao se dissolver. O poeta pega a solidez estática das imagens e transforma uma beleza que de outra forma seria apenas arquitetônica em música, que, assim que é tocada, morre. As torres, os palácios e os templos passam a ser vibrantes e se rompem por causa do excesso de vida dentro deles. Passar é viver; permanecer e continuar é morrer. "A não ser que um grão de milho caia na terra e morra, continua sem frutos. Mas, ao morrer, produz muitos frutos."

Os poetas perceberam a verdade, ou seja, que vida, mudança, movimento e insegurança são os vários nomes da mesma coisa. Nessa esfera, mais que em qualquer outra, verdade é beleza, pois movimento e ritmo fazem parte da essência de tudo que é digno de amor. Na escultura, na arquitetura e na pintura, a forma se basta, mas, mesmo assim, o olho encontra prazer na forma só quando ela contém certa falta de simetria, quando, por mais petrificada que seja, parece estar em pleno movimento.

Dessa forma, não é uma inconsistência estranha e um paradoxo antinatural que "eu" resista à mudança em "mim" e no universo ao redor? Pois mudança não é só uma força de destruição. Toda forma é, na verdade, um paradigma de movimento, e todo ser vivo é como um rio, que, se não se dissipasse, nunca poderia se encher. A vida e a morte não são forças opostas; são simplesmente dois jeitos de se ver a mesma força, pois o movimento da mudança é tanto construtivo quanto destrutivo. O corpo humano vive porque é um conjunto de movimento, circulação, respiração e digestão. Resistir à mudança, tentar se apegar à vida, é, portanto, como prender a respiração: se você não parar, acaba se matando.

Pensando em nós mesmos como divididos em "eu" e "mim", é fácil esquecer que a consciência também vive porque está em movimento. É tanto parte e produto do rio da mudança quanto o corpo e todo o mundo natural. Olhando com cuidado, é possível ver que a consciência – o que chamamos de "eu" – é, na verdade, um rio de experiências, de sensações, pensamentos e sentimentos em constante movimento. Mas, como essas experiências incluem memórias, temos a impressão de que "eu" é algo sólido e fixo, como uma tábua em que a vida está escrevendo um registro.

Mesmo assim, a "tábua" se movimenta junto com o dedo que escreve, assim como o rio flui em pequenas ondas, de forma que a memória é como um registro escrito na água – uma história que não é feita de caracteres rígidos, mas de ondas postas em movimento por outras ondas, que são chamadas de sensações e de fatos. A diferença entre "eu" e "mim" é basicamente uma ilusão da memória. Na verdade, "eu" e "mim" têm a mesma natureza. É parte do nosso ser, assim como a cabeça é parte do corpo. Mas, se isso não for percebido, "eu" e "mim", a cabeça e o corpo, se estranham um com o outro. "Eu" não vai entender que também faz parte do rio da mudança e, para entender o mundo e a experiência, vai tentar *consertá-lo*.

Teremos, então, uma guerra entre consciência e natureza, entre o desejo de permanecer e a existência do fluxo.

Essa guerra pode ser completamente fútil e frustrante – um círculo vicioso – porque é um conflito entre duas partes da mesma coisa. Necessariamente acaba em pensamento e ação, em círculos que vão a lugar nenhum cada vez mais rápido. Pois quando não conseguimos ver que nossa vida *é* mudança, colocamo-nos contra nós mesmos e acabamos como o ouroboros, a cobra confusa que tenta comer o próprio rabo. O ouroboros é o símbolo perene de todos os círculos viciosos, de todas as tentativas de partir o ser e fazer com que uma parte domine a outra.

Por mais que lutemos, "consertar" nunca vai fazer com que a mudança seja compreensível. O único jeito de entender a mudança é mergulhar nela, mover-se com ela e entrar na dança.

A religião, como a maioria de nós conhece, obviamente tenta entender a vida com fixidez. Tenta dar sentido a esse mundo mutável ao relacioná-la com um Deus imutável, e definindo sua meta e seu propósito como uma vida imortal em que o indivíduo se une com a natureza imutável da divindade. "Dá-lhes, Senhor, o eterno descanso, e que a luz perpétua os ilumine." Da mesma forma, tenta entender os rodopios da história ao relacioná-los com as leis fixas de Deus, "cujo mundo dura para sempre".

Arrumamos um problema para nós mesmos ao misturar o inteligível com a ideia de fixidez. Achamos que é impossível entender a vida a não ser que o fluxo de eventos possa caber de algum jeito em uma moldura de formas rígidas. Para ser significativa, a vida tem que ser compreensível em termos de leis e ideias fixas, e elas, por sua vez, devem corresponder a realidades eternas e imutáveis por trás da cena cambiante.* Mas se é isso que significa "entender a vida", estamos nos dando a tarefa impossível de fixar o fluxo.

Antes de descobrir se há um jeito melhor de entender nosso universo, devemos ver com clareza como essa confusão entre "sentido" e "fixidez" se deu.

A raiz do problema é que desenvolvemos a capacidade de pensar de forma tão rápida e unilateral que esquecemos a relação adequada entre ideias e eventos, palavras e coisas. O pensamento consciente criou um mundo próprio, e, quando esse mundo entra em conflito com o mundo real, temos a sensação de grande discordância entre "eu", o pensador consciente, e a natureza. Esse desenvolvimento unilateral do ser humano não é exclusivo de intelectuais ou de gente "cabeça", que são só exemplos extremos de uma tendência que afeta nossa civilização por completo.

O que esquecemos é que pensamentos e palavras são *convenções*, e que é fatal levar convenções a sério demais. Convenções são conveniências sociais, como, por exemplo, o dinheiro. O dinheiro acabou com as inconveniências do escambo. Mas é absurdo levar o dinheiro a sério demais, confundi-lo com riqueza de verdade, porque não faz bem comer dinheiro nem vestir dinheiro como se fosse roupa. O dinheiro é mais ou menos estático, pois ouro, prata e papel-moeda, ou um saldo bancário, podem "sossegar" por

---

* Ao longo deste livro, veremos que essas ideias metafísicas de permanência e eternidade podem ter outro significado. Não implicam necessariamente uma visão estática da realidade e, apesar de serem comumente usadas como tentativas para "consertar o fluxo", nem sempre foram vistas assim. (N. do A.)

bastante tempo. Mas riqueza de verdade, como comida, é perecível. Dessa forma, uma comunidade pode possuir todo o ouro do mundo, mas, se não cuidar da colheita, vai passar fome.

Mais ou menos da mesma forma, os pensamentos, as ideias e as palavras são "moedas" das coisas reais. *Não são as coisas*, e, embora as representem, não correspondem nada a elas em vários aspectos. O mesmo que vale para a relação entre dinheiro e riqueza vale para a relação entre pensamentos e coisas: ideias e palavras são mais ou menos fixas, enquanto coisas reais mudam.

É mais fácil dizer "eu" do que apontar para o próprio corpo, e dizer "quero" é mais fácil que tentar indicar um sentimento indefinido na boca e no estômago. É mais conveniente dizer "água" do que levar um amigo até um poço e fazer gestos condizentes. Também é conveniente concordar com o uso das mesmas palavras para as mesmas coisas, e manter essas palavras fixadas, apesar da constante mudança das coisas que indicamos.

No começo, o poder das palavras deve ter parecido mágico e, de fato, os milagres urdidos pelo pensamento verbal justificam essa impressão. Que maravilha deve ter sido ficar livre das inconveniências da língua de sinais e chamar um amigo simplesmente fazendo um barulho – o nome dele! Não espanta que nomes tenham sido considerados manifestações assombrosas de poder sobrenatural, e que as pessoas identificassem o nome com a própria alma ou o usassem para invocar forças espirituais. Na verdade, o poder das palavras subiu à cabeça do ser humano em mais de uma maneira. Definir se tornou quase a mesma coisa que entender. Ainda mais importante, as palavras permitiram que o ser humano se definisse – rotulasse certas partes da sua experiência como "eu".

Talvez esse seja o significado da antiga identificação do nome com a alma. Pois definir é isolar, tirar formas complexas do fluxo da vida e dizer: "Isso sou eu". Ao se nomear e se definir, o ser humano sente que tem uma identidade. Dessa forma, ele começa a se sentir como as palavras, separado e estático, como completo em relação ao mundo fluido e real da natureza.

Com o sentimento de separação, começa o sentimento de conflito entre o ser humano, de um lado, e a natureza, do outro. Linguagem e pensamento se envolvem no conflito, e a mágica que faz com que se possa chamar alguém nomeando passa a ser aplicada ao universo. Esses poderes são nomeados, personificados e invocados na mitologia e na religião. Os processos naturais se tornam inteligíveis porque todos os processos *regulares* – como a rotação das estrelas e as estações do ano – podem ser encaixados em palavras e atribuídos à atividade dos deuses ou de Deus, a palavra eterna. Mais tarde, a ciência emprega o mesmo procedimento, estudando todo tipo de regularidade do universo, nomeando, classificando e fazendo uso disso de formas ainda mais miraculosas.

Porém, como faz parte do modo de usar e da natureza das palavras e das ideias serem fixas, definidas e isoladas, é extremamente difícil descrever a característica mais importante da vida – o movimento e a fluidez. Assim como o dinheiro não representa o que a comida tem de perecível e comestível, as palavras e os pensamentos não representam o vigor da vida. A relação entre ideias e movimento é parecida com a diferença entre uma pessoa de verdade correndo e um filme que mostra a corrida como uma sequência de imagens paradas.

Lançamos mão da convenção das imagens paradas toda vez que queremos pensar sobre qualquer corpo em movimento, como um trem, ou descrevê-lo, notando que, em um tempo X, ele está *em* um lugar Y. Mas não é verdade. É possível dizer que um trem está em um ponto específico "agora". Mas dizer "agora" tomou tempo e, durante esse tempo, não importa quão breve, o trem continuou se movendo. Só é possível dizer que um trem em movimento realmente *está* (isto é, que ele *para*) em um ponto específico por um momento específico se ambos forem relativamente pequenos. Mas pontos infinitamente pequenos e momentos fixos são sempre imaginários, pertencendo mais à teoria matemática que ao mundo real.

É bastante conveniente para cálculos científicos pensar em um movimento como uma série de impulsos ou paradas minúsculas. Mas a confusão surge quando o mundo descrito e medido por tais convenções passa a ser identificado com o mundo da experiência. Uma série de paradas não transmite o vigor e a beleza essenciais ao movimento, a não ser que seja posta em *movimento* rápido diante de nós. A definição, a descrição, deixa de fora a coisa mais importante.

Por mais úteis que essas convenções sejam no que diz respeito a cálculos, à linguagem e à lógica, absurdos surgem quando pensamos que o tipo de língua que usamos ou o tipo de lógica com o qual raciocinamos pode explicar o mundo "físico". Parte da frustração do ser humano é ter se acostumado a esperar que a língua e o pensamento ofereçam explicações que estão além das suas capacidades. Querer que a vida seja "inteligível" nesse aspecto é querer que ela seja algo que não é vida. É preferir um filme ao homem de verdade correndo. Sentir que a vida não tem sentido a não ser que "eu" possa ser permanente é como se apaixonar por um milímetro.

Palavras e medidas não dão vida; apenas a simbolizam. Por isso, qualquer "explicação" do universo expressa em linguagem é circular e deixa as coisas mais essenciais sem explicação e sem definição. O próprio dicionário é circular. Define palavras em termos de outras palavras. O dicionário se aproxima um pouco da vida quando, junto com a palavra, traz uma foto. Mas podemos notar que todas as fotos no dicionário estão ligadas a substantivos, não a verbos. Uma ilustração do verbo *correr* teria que ser uma série de imagens estáticas como em um gibi, pois palavras e imagens estáticas não podem definir nem explicar um movimento.

Até mesmo os substantivos são convenções. Não se define a "coisa" real e viva ao associá-la com o barulho "pessoa". Quando dizemos: "Isso (apontando) *é* uma pessoa", a coisa que apontamos não é uma *pessoa*. Para maior clareza, deveríamos ter dito: "Isso é simbolizado pelo som *pessoa*". O que, então, é *isso*? Não se sabe. Quer dizer, não se pode definir de nenhuma forma fixa, embora, em outro sentido, conheçamos a resposta como nossa experiência imediata – um processo fluido sem começo nem fim definíveis. Nada além de convenções me convence de que eu sou apenas este corpo preso no espaço pela minha pele, e no tempo pelo nascimento e pela morte.

Onde eu começo e termino no espaço? Estou ligado ao sol e ao ar de um jeito que é parte tão vital da minha existência quanto meu coração. O movimento do qual sou um paradigma ou uma circunvolução começa incontáveis eras antes do evento (isolado por convenção) chamado nascimento e vai continuar muito tempo depois do evento chamado morte. Só palavras e convenções podem nos isolar dessa coisa completamente indefinível que é tudo.

Essas palavras são úteis, desde que as tratemos como convenções e saibamos usá-las como linhas imaginárias de latitude e longitude, que estão desenhadas nos mapas mas não podem ser encontradas na terra. Mas na prática todos ficamos encantados pelas palavras. Nós as confundimos com o mundo real como se o mundo fosse feito de palavras. Como consequência, ficamos desalentados e perplexos quando elas não cabem. Quanto mais tentamos viver no mundo das palavras, mais isolados e sozinhos nos sentimos, mais toda alegria e vitalidade das coisas é trocada por mera certeza e segurança. Por outro lado, quanto mais somos forçados a admitir que vivemos mesmo no mundo real, mais nos sentimos ignorantes, indecisos e inseguros a respeito de tudo.

Não pode haver sanidade, porém, se a diferença entre esses dois mundos não for reconhecida. O escopo e as propostas da ciência são horrendamente incompreendidos quando o universo que ela descreve é confundido com o universo em que os seres humanos vivem. A ciência fala de um símbolo do universo real, e esse símbolo funciona mais ou menos como dinheiro. Traz melhorias práticas que economizam um tempo conveniente. Mas quando dinheiro e riqueza, realidade e ciência se confundem, o símbolo se torna um fardo.

Da mesma forma, o universo descrito pela religião formal, dogmática, não é nada além de um símbolo do mundo real, também construído de distinções verbais e convencionais. Separar "uma pessoa" do resto do universo é uma separação convencional. Querer que "uma pessoa" seja eterna é querer que as palavras sejam a realidade e insistir que uma convenção dure para sempre. Estamos famintos pela perpetuidade de algo que nunca existiu. A ciência "destruiu" o símbolo religioso do mundo porque, quando os símbolos se confundem com a realidade, formas diferentes de simbolizar a realidade parecem contraditórias.

O modo científico de simbolizar o mundo é mais adequado a propósitos utilitários que o modo religioso, mas isso não quer dizer que tenha mais "verdade". É mais verdadeiro classificar coelhos de acordo com a carne ou de acordo com o pelo? Depende do que se queira fazer com eles. O choque entre ciência e religião não mostra que a religião é falsa e a ciência, verdadeira. Mostra que cada sistema de definição tem o seu propósito e que nenhum deles "domina" de fato a realidade. E porque a religião tem sido usada incorretamente como meio para alcançar e possuir o mistério da vida, um pouco de "descrédito" era bastante necessário.

Mas, no processo de simbolizar o universo de um jeito ou de outro por um propósito ou outro, talvez tenhamos perdido a verdadeira alegria e o próprio sentido da vida. Todas as muitas definições do universo têm motivos nas entrelinhas ao se preocuparem mais com o futuro que com o presente. A religião quer garantir o futuro depois da morte, e a ciência quer garantir o futuro até a morte e adiar a morte. Mas amanhã e planos para amanhã não têm sentido nenhum a não ser que se esteja em pleno contato com a realidade do presente, já que é no presente e *só* no presente que se vive. Não existe realidade a não ser a realidade presente, de forma que, mesmo que vivêssemos por eras infinitas, viver para o futuro seria estar enganado eternamente.

Mas é só a realidade do presente, esse *agora* vital e em movimento, que frustra todas as definições e descrições. Eis o mundo real e misterioso que palavras e ideias nunca conseguem esclarecer. Vivendo para o futuro o tempo todo, perdemos contato com a fonte, com o centro da vida e, como resultado, toda a magia de nomear e pensar entrou em um colapso temporário.

Os milagres da tecnologia fazem com que vivamos em um mundo frenético, automatizado, que violenta a biologia humana, permitindo que não façamos nada além de perseguir o futuro cada vez mais rápido. O pensamento deliberado se vê incapaz de impedir que o animal dentro do ser humano venha à tona – um animal mais "animalesco" que qualquer criatura selvagem, enlouquecido e exasperado pela busca de ilusões. Especialização em verborreia, classificação e pensamento mecanizado faz com que o ser humano perca o contato com muitos dos maravilhosos poderes do "instinto" que governam seu corpo. Faz, além do mais, que ele se sinta completamente separado do universo e do seu próprio "mim". Portanto, quando toda a filosofia se dissolveu em relativismo e não consegue mais entender o universo de forma fixa, o "eu" isolado se sente terrivelmente inseguro e em pânico, vendo no mundo real uma contradição insossa de si mesmo.

Claro que não há nenhuma novidade nesse dilema de descobrir que ideias e palavras não podem sondar o mistério final da vida, que a Realidade, ou, se preferirmos, que Deus não pode ser compreendido pela mente finita. A única novidade é que agora o dilema é mais social que individual; é compartilhado amplamente, não restrito a poucos. Quase toda tradição espiritual reconhece que chegou o ponto em que duas coisas precisam acontecer: a humanidade precisa abrir mão do "eu" que se sente separado e deve encarar o fato de que não pode entender, quer dizer, definir o mistério.

Essas tradições também reconhecem que além desse ponto há uma "visão de Deus" que não pode ser colocada em palavras e que é sem dúvida algo completamente diverso de um senhor fulgurante em um trono de ouro ou da luz ofuscante de um relâmpago literal. Também apontam que essa visão é uma restauração de algo que já tivemos e "perdemos" por não ter dado ou não ter conseguido dar valor. Essa visão é, portanto, a consciência clara desse "objeto" indefinível que chamamos de vida, realidade presente, grande rio, o eterno agora – consciência sem o sentimento de separação.

No momento em que dou nome, não é mais Deus; é homem, árvore, verde, preto, vermelho, macio, duro, comprido, pequeno, átomo, universo. Não é difícil concordar com qualquer teólogo que deplore o panteísmo que os frutos do mundo da verborreia e da convenção, as várias "coisas" concebidas como entidades fixas e distintas não são Deus. Se alguém me pedir para mostrar Deus, vou apontar para o sol, para uma árvore ou para uma minhoca. Mas se alguém disser: "Quer dizer, então, que Deus é o sol, a árvore, a minhoca e tudo mais?" – vou ter que responder que essa pessoa não entendeu absolutamente nada.

4. A SABEDORIA DO CORPO

O que é experiência? O que é vida? O que é movimento? O que é realidade? Para esse tipo de pergunta, devemos dar a resposta de Santo Agostinho para "O que é tempo?": "Eu sei, mas quando me perguntam, não sei mais". Experiência, vida, movimento e realidade são alguns dos sons usados para simbolizar a soma de sensações, pensamentos, sentimentos e desejos. E se alguém pergunta: "O que são sensações etc.?", só posso responder: "Não seja bobo. Você sabe muito bem. Não dá para continuar definindo as coisas sem parar senão vamos ficar rodando em círculos. Definir significa fixar, e, pensando bem, a vida real não é fixa".

O fim do capítulo anterior insinua que a coisa fundamental que não pode ser definida nem fixa pode ser representada pela palavra *Deus*. Se isso for verdade, sabemos o que é Deus o tempo todo, mas, quando começamos a raciocinar a esse respeito, não sabemos mais. Pois, quando começamos a pensar sobre experiência, tentamos fixá-la em formas e ideias rígidas. É o velho problema de tentar fazer pacotes de água ou colocar o vento dentro de uma caixa. Ainda assim, a religião sempre ensinou que "Deus" é algo do qual se pode esperar sabedoria e orientação. Ficamos acostumados à ideia de que sabedoria – quer dizer, conhecimento, conselho e informação – pode ser expressa em enunciados verbais formados por instruções específicas. Se isso for verdade, é difícil ver como sabedoria pode vir de algo impossível de definir.

Mas, na verdade, o tipo de sabedoria que pode ser posto na forma de instrução específica equivale a muito pouco, e a maior parte da sabedoria que usamos na vida cotidiana nunca nos chegou como informação verbal. Não foi através de enunciados que aprendemos a respirar, engolir, ver, fazer o sangue circular, digerir a comida e resistir a doenças. Mesmo assim, essas coisas acontecem graças aos processos mais complexos e maravilhosos que nenhum conhecimento livresco e nenhuma habilidade técnica pode reproduzir. Isso é sabedoria de verdade – mas o cérebro tem pouco a ver com ela. É o tipo de sabedoria do qual precisamos para resolver problemas reais e práticos da vida humana. Já fez maravilhas por nós e não tem por que não fazer muito mais.

Sem nenhum aparato técnico, sem cálculo para fazer previsões, os pombos-correios conseguem voltar para o poleiro vindo de longas distâncias, aves migratórias conseguem ir para o mesmo lugar todo ano, e as plantas conseguem "inventar" dispositivos maravilhosos para lançar as sementes ao vento. É claro que essas coisas não são feitas "de propósito", o que significa que não houve plano nem ponderação. Se soubessem falar, os animais e as plantas não conseguiriam explicar como essas coisas são feitas melhor do que um sujeito comum consegue explicar como o coração bate.

Os "instrumentos" que desempenham essas funções são órgãos e procedimentos do corpo – ou seja, de um paradigma de movimento misterioso que não entendemos e não sabemos definir. No geral, contudo, os seres humanos pararam de desenvolver os instrumentos do corpo. Cada vez mais, tentamos nos adaptar à vida através de ferramentas externas e tentamos solucionar nossos problemas pelo pensamento consciente mais do que através de domínio técnico inconsciente. Isso é muito menos vantajoso do que gostamos de supor.

Existem, por exemplo, mulheres "primitivas" capazes de dar à luz uma criança enquanto trabalham no campo e, depois de fazer as poucas coisas necessárias para garantir que o bebê fique seguro, aquecido e confortável, continuam o trabalho. Por outro lado, a mulher civilizada precisa ser levada para um hospital complexo e lá, rodeada por doutores, enfermeiras e por incontáveis engenhocas, ela expulsa o coitado para o mundo em longas contorções e dores excruciantes. É verdade que a assepsia impede que muitas mães e crianças morram, mas por que não podemos ter assepsia *e* o método natural e fácil de dar à luz?

A resposta para essa pergunta e para outras parecidas é que fomos ensinados a negligenciar, desprezar e violentar nosso corpo e a colocar toda a confiança no cérebro. Na verdade, a doença peculiar da pessoa civilizada poderia ser descrita como uma obstrução ou um cisma entre o cérebro (sobretudo o córtex) e o resto do corpo. Isso corresponde à divisão entre "eu" e "mim", pessoa e natureza, e à confusão do ouroboros, a cobra confusa que não sabe que o rabo e a cabeça andam juntos. Felizmente, há pelo menos dois cientistas que chamaram a atenção para essa cisão nos últimos anos, a saber, Lancelot Law Whyte e Trigant Burrow*. Whyte chama essa doença de "dissociação europeia", não porque seja exclusiva da sociedade euro-americana, mas porque é especialmente característica dela.

Tanto White quanto Burrow fizeram uma descrição ou um diagnóstico clínico da cisão, cujos detalhes não cabem aqui. Diz basicamente, em linguajar "médico", que deixamos o pensamento racional se desenvolver e dominar a vida sem qualquer proporção com o papel desempenhado pela nossa "sabedoria instintiva", que estamos deixando cair na atrofia. Como consequência, o indivíduo está em guerra contra si mesmo – o cérebro deseja coisas que o corpo não quer, e o corpo deseja coisas que o cérebro não permite; o cérebro dá

---

* Dentre os livros de L. L. Whyte, *The Next Development in Man* [O próximo desenvolvimento no ser humano] (Henry Holt, Nova York, 1943), é bastante legível e profundamente interessante, enquanto *The Unitary Principle in Physics and Biology* [O princípio unitário na física e na biologia] (Henry Holt, Nova York, 1949) é para o leitor especializado em ciência. *Social Basis of Consciousness* [Bases sociais da consciência] (Londres, 1927) e *The Structure of Insanity* [A estrutura da insanidade] (Londres, 1932), ambos de Burrow, infelizmente estão fora de catálogo, mas a maioria do material aparece em *Neurosis of Man* [A neurose do ser humano] (Routledge, Londres, 1948). Provavelmente, outros cientistas estão trabalhando na mesma linha, mas não conheço o trabalho deles. (N. do A.)

instruções que o corpo não segue, e o corpo envia impulsos que o cérebro não consegue entender.

De um jeito ou de outro, o sujeito civilizado concorda com São Francisco ao pensar no corpo como um Irmão Burro. Mas até mesmo os teólogos reconhecem que a fonte do mal e da estupidez não está no organismo físico como um todo, mas no cérebro separado, dissociado, que eles chamam de "vontade".

Quando comparamos o desejo humano com o animal, encontramos várias diferenças extraordinárias. O animal tende a comer com o estômago, e o ser humano, com o cérebro. Quando o estômago do animal está cheio, ele para de comer, mas o ser humano nunca tem certeza de quando parar. Depois de comer o máximo que a barriga aguenta, continua se sentindo vazio, continua sentindo um comichão por se satisfazer ainda mais. Isso se deve em grande parte à ansiedade, a saber que uma provisão constante de comida é incerta. Portanto, coma o máximo que puder enquanto puder. Isso se deve, também, a saber que, em um mundo inseguro, o prazer é incerto. Portanto, o prazer imediato de comer deve ser explorado ao máximo, mesmo que prejudique a digestão.

O desejo humano tende a ser insaciável. Estamos tão ansiosos por prazer que nunca achamos que basta. Estimulamos os órgãos sensoriais até que fiquem insensíveis, de forma que, se o prazer vai continuar, eles precisam de estímulos cada vez mais fortes. Para se defender, o corpo fica doente de tensão, mas o cérebro não quer parar. O cérebro está em busca da felicidade e, porque o cérebro está muito mais preocupado com o futuro do que com o presente, concebe a felicidade como garantia de um futuro de prazeres indefinidamente longo. Ainda assim, o cérebro também sabe que não tem um futuro indefinidamente longo, de forma que, para ser feliz, precisa tentar acumular todo o prazer do Paraíso e da eternidade em um espaço de poucos anos.

É por isso que a civilização moderna é, em quase todos os aspectos, um círculo vicioso. Sua fome é insaciável porque seu estilo de vida a condena à frustração perpétua. Como vimos, a raiz dessa frustração está em viver para o futuro, e o futuro é uma abstração, uma intervenção racional na experiência, que existe apenas para o cérebro. A "consciência primária", a mente básica que conhece a realidade em vez de conhecer ideias sobre ela, não conhece o futuro. Vive ancorada no presente e não percebe nada além do que *está acontecendo* neste momento. O cérebro engenhoso, no entanto, olha para aquela parte da experiência presente chamada memória e, ao estudá-la, se capacita a fazer previsões. Essas previsões são, relativamente, tão precisas e confiáveis (por exemplo, "todo mundo morre") que o futuro toma uma grande medida de realidade – tão grande que o presente perde o valor.

Mas o futuro ainda não chegou e não pode se tornar parte da realidade vivida até que seja presente. Já que o que sabemos sobre o futuro é feito de elementos puramente abstratos e lógicos – inferências, palpites, deduções –, ele não pode ser comido, sentido, cheirado, visto, escutado nem aproveitado de qualquer outro jeito. Persegui-lo significa perseguir um fantasma em retirada constante, e, quanto mais rápida é a perseguição, mais rápido ele corre. É por isso que todos os eventos da civilização estão corridos, porque quase ninguém aproveita o que tem e está sempre procurando cada vez mais. A felicidade, portanto, consistiria não de realidades sólidas e substanciais, mas de elementos abstratos e superficiais como promessas, esperanças e garantias.

Dessa forma, a economia "racional" projetada para produzir essa felicidade é um círculo vicioso fantástico, que deve produzir cada vez mais prazeres ou ruir – gerando uma excitação constante dos ouvidos, dos olhos e das terminações nervosas com fluxos incessantes de barulho quase inescapável e distrações visuais. O "alvo" perfeito para as metas de tal economia é a pessoa que vive com o rádio colado no ouvido, de preferência usando um aparelho portátil, que pode ser carregado para qualquer lugar o tempo todo. Os olhos vagam sem descanso, da televisão para o jornal, dele para a revista, mantendo a pessoa em um tipo de orgasmo sem pausa através de uma série de relances provocantes de carros que brilham, corpos femininos que brilham e outras superfícies sensuais intermeadas com restauradores de sensibilidade – como se fosse tratamentos de choque – em lampejos de "interesse público", como cenas de execução de criminosos, corpos desfigurados, aviões destroçados, lutas profissionais e prédios em chamas. A literatura ou o discurso que acompanha isso também são produzidos para provocar sem satisfazer, para substituir qualquer gratificação parcial por um novo desejo.

Pois esse fluxo de estímulos é projetado para produzir anseios por cada vez mais do mesmo, embora em maior volume e velocidade, e esses anseios nos levam a fazer trabalhos que não têm interesse algum a não ser o pagamento – para comprar mais rádios extravagantes, carros mais lustrosos, revistas mais superficiais e televisões melhores, tudo conspirando de um jeito ou de outro para nos persuadir que a felicidade está ao alcance da mão se comprarmos cada vez mais.

Apesar do imenso alvoroço e do fluxo nervoso, somos convencidos de que dormir é desperdício de tempo precioso e continuamos a caçar fantasias noite adentro. Os animais passam muito mais tempo cochilando e vagabundando a seu bel-prazer, mas, porque a vida é curta, os seres humanos precisam abarrotar os anos com a maior quantidade possível de consciência, atenção e insônia crônica para ter certeza de não perder o último pedaço de prazer estonteante.

Não é que as pessoas que se submetem a esse tipo de coisa sejam imorais. Não é que as pessoas que geram esse tipo de coisa sejam exploradores malvados; a maioria delas tem a mesma postura mental dos explorados, com a única diferença de estarem em um cavalo mais caro do carrossel. O problema de verdade é que estão completamente frustradas, pois tentar agradar o cérebro é como tentar beber pelas orelhas. Dessa forma, elas estão cada vez menos capazes de prazer real, cada vez menos sensíveis às alegrias mais agudas e sutis da vida que são, de fato, extremamente comuns e simples.

O caráter vago, nebuloso e insaciável do desejo cerebral faz com que seja particularmente difícil pôr o pé no chão – ser material e real. No geral, o humano civilizado não sabe o que quer. Trabalha pelo sucesso, pela fama, para um casamento feliz, por diversão, para ajudar os outros ou para ser uma "pessoa de verdade". Mas esses desejos não são reais porque não são coisas de verdade. São os subprodutos, os sabores e aromas das coisas de verdade – sombras que não têm existência longe de alguma substância. Dinheiro é o símbolo perfeito de todos esses desejos, sendo mero símbolo da riqueza de verdade, e transformá-lo em meta é o exemplo mais escancarado do que é confundir medidas com a realidade.

Está, portanto, longe de correto dizer que a civilização moderna é materialista; isto é, se materialista for alguém que gosta de matéria. O moderno cerebral não gosta de matéria, mas de medidas, não gosta de sólidos, mas de superfícies. Ele bebe pela porcentagem de álcool* e não por causa do "corpo" e do gosto do líquido. Constrói e exibe uma "fachada" imponente em vez de criar um espaço para viver. Portanto, tende a exibir estruturas que de fora parecem mansões senhoriais, mas que, por dentro, são tocas. O domicílio dessas tocas é projetado menos para que se viva ali do que para passar uma impressão. O espaço principal é destinado a uma "sala de estar" de proporções normais para uma casa grande, enquanto espaços essenciais para se viver (e não para mero "entretenimento"), como a cozinha, são reduzidos a pequenos armários onde mal dá para se mexer – muito menos para cozinhar. Como consequência, essas cozinhas de galé deploráveis proporcionam um cardápio fortemente gasoso – coquetéis e "aperitivos", em vez de refeições honestas. Porque queremos ser "damas" e "cavalheiros" e passar a impressão de que temos criados, não sujamos as mãos cultivando e preparando comida de verdade. Em vez disso, compramos produtos pela "fachada"

---

* Em inglês, usa-se a mesma palavra (*spirit*) para "espírito" e "destilado", o que permite ao autor fazer um trocadilho para dizer que o sujeito moderno prefere beber o "espírito" do que o "corpo" da bebida. (N. do T.)

e pela aparência, não pelo conteúdo – fruta imensa e sem gosto, pão que é pouco mais que espuma leve, vinho disfarçado com produtos químicos e legume cujo gosto vem das misturas áridas de tubos de ensaio que o torna tão impressionante quanto a polpa.

Podemos supor que o exemplo mais expressivo da bestialidade e da animalidade do homem moderno seja sua paixão por sexo, mas, na verdade, não há quase nada bestial ou animal nisso. Os animais têm relações sexuais quando sentem vontade, o que costuma acontecer de acordo com um tipo de modelo rítmico. Durante os intervalos, eles não têm desejo sexual. Mas, dentre todos os prazeres, o sexo é aquele que o humano civilizado persegue com mais ansiedade. Nota-se que o anseio é mais cerebral que corporal, por causa da impotência comum no macho quando ele chega às vias de fato, o cérebro procurando algo que os genes não desejam naquele momento. Isso o deixa extremamente confuso porque ele simplesmente não entende como é possível *não* querer a grande delícia que é o sexo se ele está disponível. Ele almejou aquilo por dias e horas a fio, mas, quando a realidade chega, o corpo não coopera.

Como acontece com a alimentação, "o olho é maior do que a barriga", de forma que no amor ele julga a mulher por padrões que são muito mais visuais e cerebrais do que sexuais e viscerais. Ele se atrai pelo brilho superficial da parceira, pela delicadeza da pele dela mais do que pelo corpo real. Quer algo que tenha a estrutura óssea de uma criança, mas que deveria servir de suporte para as curvas exteriores e para as ondas suaves da feminilidade – não uma mulher, mas um sonho inflável de borracha. A função do sexo em si, no entanto, continua no domínio da "sabedoria instintiva" que pouco pode fazer para aumentar o prazer que já é intenso, para deixá-lo mais rápido, rebuscado e frequente. O único jeito de explorá-lo é a fantasia cerebral, carregar tudo de *coquetterie* e de insinuações de deleites indefinidos por vir – como se um abraço mais extasiante sempre pudesse ser alcançado através de alterações de superfície.

Um exemplo especialmente significativo de cérebro *versus* corpo, ou medidas *versus* matéria, é a completa escravidão a que os relógios submetem o ser humano moderno. Relógios são utensílios convenientes para marcar um encontro com um amigo ou para ajudar as pessoas a fazerem coisas juntas, embora coisas desse tipo já acontecessem muito tempo antes que eles fossem inventados. Não deveríamos quebrar os relógios, apenas mantê-los no devido lugar. E ficam bem fora de lugar quando tentamos adaptar nosso ritmo biológico para comer, dormir, evacuar, trabalhar e relaxar à sua rotação circular uniforme. Nossa escravidão perante esses mestres da repetição mecânica foi longe demais e está tão entranhada na nossa cultura que mudar isso não passa de um fio de esperança; sem os relógios, a civilização entraria em colapso. Uma cultura menos cerebral aprenderia a acertar o ritmo corporal em vez do relógio.

A capacidade do corpo de prever o futuro tem relação com o medo da morte. Conhecemos várias pessoas que concordariam com Stevenson:

> Sob o vasto céu estrelado,
> Abra uma cova para eu me deitar
> Vivi feliz e morro feliz
> E me entrego com vontade.*

Pois quando o corpo está esgotado e o cérebro, cansado, todo o organismo fica receptivo à morte. Mas é difícil entender como a morte pode ser bem-vinda quando se é jovem e forte, de forma que ela é temida como um evento terrível. Pois o cérebro, do seu jeito imaterial, olha para o futuro e concebe esse ir adiante para sempre como um bem – sem perceber que sua própria matéria acabaria por achar o processo insuportavelmente cansativo. Sem levar isso em consideração, o cérebro não vê que, sendo ele mesmo algo material e sujeito à mudança, seus desejos mudam e vai chegar um tempo em que a morte vai ser boa. Em uma manhã ensolarada, depois de uma noite de descanso, ninguém quer dormir. Mas depois de um longo dia de cansaço, a sensação de se jogar na inconsciência é extremamente agradável.

Infelizmente, não são muitos os que morrem em paz. Morremos de acidentes e de doenças dolorosas, e é mesmo trágico quando uma pessoa cuja "mente" é ainda jovem e ativa luta em vão contra um corpo moribundo. No entanto, tenho certeza de que o corpo morre porque quer. Ele acha que está além das suas forças resistir à doença ou curar o ferimento, portanto, cansado da luta, se volta para a morte. Se a

---

* Estrofe do poema "Réquiem", de Robert Louis Stevenson (1850-1894). (N. do T.).

consciência fosse mais sensível aos sentimentos e aos impulsos do organismo como um todo, compartilharia esse desejo e, na verdade, às vezes compartilha. Chega-se perto desse estado quando, gravemente doente, alguém poderia morrer a qualquer momento, embora às vezes sobreviva, seja porque o tratamento médico reanima o corpo ou porque ainda haja forças inconscientes no organismo que são capazes de curar.

Acostumada como está a pensar no ser humano como o dualismo entre mente e corpo, e a encarar a primeira como "sensível" e o segundo como um animal "idiota", nossa cultura é uma afronta à sabedoria da natureza e uma exploração destrutiva do organismo humano como um todo. Estamos frustrados o tempo todo porque o pensamento verbal e abstrato do cérebro nos dá a falsa impressão de podermos nos desprender de todas as limitações de finitude. Esse pensamento esquece que uma infinidade de alguma coisa não é uma realidade, mas um conceito abstrato, e nos convence de que desejamos essa fantasia como se fosse uma meta real de vida.

O símbolo externo desse jeito de pensar é um objeto quase completamente racional e inorgânico, a máquina, que nos dá a sensação de sermos capazes de nos aproximar do infinito. Pois a máquina pode aguentar tensões para muito além da capacidade do corpo e também a ritmos monótonos que o ser humano jamais suportaria. Por mais que ela seja útil como ferramenta e servo, idolatramos a racionalidade dela, a eficiência e a capacidade de abolir limitações de tempo e espaço, portanto permitimos que ela regule nossa vida. Logo, os habitantes de uma cidade moderna que trabalham são gente que vive dentro de uma máquina e é jogada de um lado para outro pelas engrenagens. Eles passam os dias em atividades que se resumem, na maioria das vezes, a contar e medir, vivendo em um mundo de abstração racional que tem pouca relação com estar em harmonia com os grandes ritmos e processos biológicos.

Aliás, agora atividades mentais desse tipo podem ser feitas de forma bem mais efetiva por máquinas do que por seres humanos – tanto que, em um futuro não muito distante, o cérebro humano pode se tornar um mecanismo obsoleto para cálculos lógicos. O computador humano já está sendo amplamente substituído pelos computadores mecânicos e elétricos, que são bem mais rápidos e eficientes. Se, portanto, o bem e o valor mais precioso que o ser humano tem é o cérebro e a habilidade de calcular, ele vai se tornar mercadoria invendável em uma era em que a operação mecânica de raciocinar pode ser feita pelas máquinas com mais eficiência.*

O ser humano já usa inúmeros dispositivos para substituir o trabalho feito por órgãos do corpo nos animais, e combinaria

---

* Baseio minha visão no assunto no singular livro de Norbert Wiener, *Cybernetics* [Cibernética] (Nova York & Paris, 1948). O dr. Wiener é um dos matemáticos responsáveis pelo desenvolvimento dos computadores elétricos mais elaborados. Como ele tem um conhecimento avançado de neurologia, está em posição de julgar em que medida essas invenções podem reproduzir o trabalho do organismo humano. O livro contém esta observação pertinente: "É interessante notar que podemos estar diante de uma daquelas limitações da natureza em que órgãos altamente especializados atingem um nível de eficiência decadente e acabam por levar à extinção da espécie. O cérebro humano pode estar tão longe em seu caminho rumo à especialização destrutiva como os grandes chifres dos últimos mamíferos *Titanotheriidae*". (p.180) (N. do A.)

com essa tendência exteriorizar as funções de raciocínio do cérebro – portanto, entregar o governo da vida para monstros eletromagnéticos. Em outras palavras, os interesses e as metas da racionalidade não são os mesmos interesses e metas do ser humano como organismo uno. Se continuarmos a viver para o futuro e a fazer com que o principal trabalho da mente seja prever e calcular, o ser humano pode acabar se tornando o apêndice parasitário de uma massa de engrenagens.

Na verdade, de acordo com um certo ponto de vista, essa "racionalização" da vida não é racional. O cérebro é esperto o suficiente para ver o círculo vicioso que criou para si mesmo. Mas não pode fazer nada a respeito. Perceber que ficar preocupado não é razoável não faz com que ninguém deixe de se preocupar; ao invés disso, a pessoa fica ainda mais preocupada por não estar sendo razoável. Não é razoável deflagrar uma guerra moderna, em que todo mundo perde. Nenhum lado quer mesmo uma guerra, mas, mesmo assim, porque vivemos em um círculo vicioso, começamos a guerra para evitar que o lado de lá comece a guerra. Nós nos armamos porque sabemos que, se não fizermos isso, o outro lado vai fazer – o que é verdade, porque, se não nos armarmos, o outro lado vai fazer isso para ficar em vantagem sem precisar lutar.

A partir desse ponto de vista racional, nós nos vemos no dilema de São Paulo: "O querer está em mim; mas não encontro a execução do bem. Pois não faço o bem que preferiria fazer". Mas isso não se dá, ao contrário do que São Paulo supunha, porque a vontade ou o "espírito" é racional enquanto a carne é perversa. Isso se dá porque "se uma família se divide contra si mesma, não fica em pé". O organismo todo é perverso porque o cérebro está separado da barriga e a cabeça não tem consciência da sua união com a cauda.

Há pouco espaço para a esperança de que, em um futuro imediato, a sanidade social se recupere em qualquer nível. Talvez o círculo vicioso precise ficar ainda mais intolerável, escancarado e desesperadoramente circular antes que qualquer grupo grande de seres humanos desperte para a peça trágica que estão pregando em si mesmos. Mas para quem vê com clareza a existência do círculo vicioso e por que ele é um círculo, não há alternativa senão parar de andar em círculos. Pois, assim que vemos todo o círculo, a ilusão de que a cabeça é separada da cauda desaparece.

Então, quando a experiência para de oscilar e de se retorcer, ela pode ficar sensível à sabedoria do corpo de novo, às profundidades escondidas da sua própria substância.

Porque estou falando da sabedoria do *corpo* e da necessidade de reconhecer que somos seres *materiais*, esta filosofia não deve ser tomada como uma filosofia do "materialismo" no sentido mais aceito. Não estou afirmando que a realidade máxima *seja* o mestre. *Matéria* é uma palavra, um ruído que se refere às formas e paradigmas envolvidos em um processo. Não sabemos *o que* é esse processo porque não é um "que" – ou seja, não é uma coisa que possa ser definida por algum conceito fixo ou por alguma medida. Se quisermos ficar com a linguagem antiga e ainda usar termos como "espiritual" e "material", o espiritual significa "o indefinível", aquilo que, porque está vivo, sempre e inevitavelmente vai escapar da moldura de qualquer forma fixa. Matéria é o espírito com um nome.

Depois de tudo isso, o cérebro merece uma palavra só para ele! Pois o cérebro, incluindo seus centros de raciocínio e de cálculo, faz parte e é um produto do corpo. É tão natural quanto o coração ou o estômago, e, se for usado corretamente, é tudo menos um inimigo. Mas, para que seja usado corretamente, é preciso ser posto no seu lugar, pois o cérebro é feito para a pessoa, não a pessoa para o cérebro. Em outras palavras, a função do cérebro é servir o presente e o real, não mandar a humanidade em uma caça feroz pelo fantasma do futuro.

Além disso, no nosso estado habitual de tensão mental, o cérebro não trabalha direito, e isso é uma das razões pelas quais suas abstrações parecem ter tanta realidade. Quando o coração está fora de ordem, temos toda consciência de que ele está batendo; as batidas dentro do peito se tornam uma distração. Parece extremamente provável que nossa preocupação com pensar e planejar, junto com a sensação de fadiga mental, seja um sinal de alguma irregularidade no cérebro. O cérebro deveria calcular e raciocinar, e às vezes calcula e raciocina, com a mesma facilidade inconsciente dos outros órgãos do corpo. Afinal, o cérebro não é um músculo e, portanto, não foi feito para esforço e tensão.

Mas, quando tentam pensar ou se concentrar, as pessoas se comportam como se estivessem tentando maltratar o cérebro. Contorcem o rosto, franzem a testa e abordam problemas mentais como se fossem assentar tijolos. Mesmo assim, não é preciso se esforçar e dar duro para digerir comida, muito menos para ver, ouvir e receber outras informações neurais. O "calculador relâmpago" que consegue somar uma coluna comprida de números à primeira vista, o gênio intelectual que pode entender uma página inteira em poucos segundos, e o prodígio musical, um Mozart, que parece entender harmonia e contraponto ainda bebê, são exemplos de uso correto do instrumento mais maravilhoso da humanidade.

Quem não é gênio sabe uma ou duas coisas sobre a mesma habilidade. Veja, por exemplo, o anagrama POCALOMDIC. Você pode trabalhar horas nele, tentando um sistema de organização depois do outro para descobrir qual é a palavra embaralhada. Em vez disso, tente só relaxar a mente e olhar para o anagrama, e, em pouco tempo, seu cérebro vai trazer a resposta sem o menor esforço.* Desconfiamos com razão dos "estalos" que mentes exaustas e errantes dão como resposta, mas a solução rápida, sem esforço e quase inconsciente para problemas lógicos é o que o cérebro humano deveria fornecer.

Trabalhando corretamente, o cérebro é a forma mais elevada de "sabedoria intelectual". Dessa forma, deveria funcionar como o instinto doméstico dos pombos e a formação do feto no útero – sem verbalizar o processo e sem saber "como" acontece. Um cérebro consciente de si mesmo, como um coração consciente de si mesmo, é uma desordem e se manifesta no sentimento agudo de separação entre "eu" e minha experiência. O cérebro só pode assumir seu comportamento adequado se a consciência fizer o que foi projetada para fazer: não se contorcer e rodopiar para sair da experiência presente, mas tomar, sem esforço, conhecimento dessa experiência.

---

* Caso você não consiga dentro de um minuto, continue a leitura! Caso contrário, você vai começar a ficar irritado consigo mesmo ou comigo, e o esforço subsequente vai interferir no processo. (N. do A.)

5. SOBRE A CONSCIÊNCIA

A pergunta "O que fazer?" só passa pela cabeça de quem não entende o problema. Se um problema pode ser resolvido, entendê-lo e saber o que fazer com ele são a mesma coisa. Por outro lado, fazer algo a respeito de um problema que não se entendeu é como tentar se livrar da escuridão colocando-a de lado com as mãos. Quando vem a luz, a escuridão desaparece na mesma hora.

Isso se aplica particularmente ao problema que temos diante de nós. Como vamos curar o corte entre "eu" e "mim", cérebro e corpo, ser humano e natureza, de forma a acabar com todos os círculos viciosos que produz? Como vamos viver a vida como algo que não seja uma armadilha cheia de mel em que somos as moscas em apuros? Como vamos encontrar segurança e paz de espírito em um mundo cuja própria natureza é a insegurança, a impermanência e a mudança incessante? Todas essas perguntas pedem um método e um plano de ação. Ao mesmo tempo, todas mostram que o problema não foi entendido. Não precisamos de ação – ainda. Precisamos de mais luz.

Luz, aqui, significa consciência – estar consciente da vida, da experiência como ela é neste momento, sem julgamentos nem ideias a respeito dela. Em outras palavras, é preciso ver e sentir o que se passa do jeito como a experiência *é*, não como é nomeada. Esse simples "abrir de olhos" provoca uma transformação extraordinária do entendimento e da vida e mostra que muitos dos nossos problemas mais desconcertantes são pura ilusão. Pode parecer uma ultrassimplificação porque a maioria das pessoas imagina já estar consciente o bastante do presente, mas vamos ver que isso está longe de ser verdade.[*]

Sendo a consciência um ponto de vista livre de ideais e julgamentos, é claramente impossível definir e escrever *o que* ela revela. Qualquer coisa que possa ser descrita é uma ideia, e não posso fazer um juízo de fato sobre algo – o mundo real – que *não* seja uma ideia. Portanto, vou ter que me contentar com falar sobre as falsas impressões que a consciência remove, mais do que sobre a verdade que ela revela. A verdade só pode ser simbolizada em palavras que significam pouco ou nada para quem não tem entendimento direto da verdade em questão.

O que é verdadeiro e concreto é real demais e vivo demais para ser descrito, e tentar descrever é como passar tinta

---

[*] A palavra "consciência" é usada no sentido que lhe atribuiu J. Krishnamurti, cujos textos discutem o tema com uma visão extraordinária. (N. do A.)

vermelha numa rosa vermelha. Portanto, a maioria do que se segue precisa ser feito mais de negativas que de afirmativas. A verdade é revelada através da remoção de coisas que se colocam no caminho, uma arte próxima da escultura, na qual o artista cria não construindo, mas cortando.

Vimos que as perguntas sobre encontrar segurança e paz de espírito em um mundo provisório mostram que o problema não havia sido entendido. Antes de ir adiante, deve ficar claro que o tipo de segurança sobre o qual estamos falando é principalmente espiritual e psicológico. Para existir, os seres humanos precisam de subsistência mínima em termos de comida, bebida e vestimenta – desde que se entenda, contudo, que isso não vai durar indefinidamente. Mas, se a garantia de subsistência mínima por sessenta anos apenas começasse a satisfazer o coração das pessoas, os problemas humanos equivaleriam a bem pouco. Na verdade, a razão pela qual não temos essa garantia é que queremos muito mais que o mínimo necessário.

Precisa ser óbvio, desde o início, que é contraditório querer estar perfeitamente seguro em um universo cuja natureza em si é momentaneidade e fluidez. Mas a contradição jaz um pouco mais fundo do que no mero conflito entre o *desejo* de segurança e o *fato* da mudança. Se quero estar seguro, ou seja, protegido do fluxo da vida, o que eu quero é me separar da vida. Ainda assim, é essa mesma sensação de estar separado que me deixa inseguro. Estar seguro significa isolar e fortalecer o "eu", mas é justamente o sentimento de ser um "eu" isolado que faz com que eu me sinta sozinho e com medo. Em outras palavras, quanto mais seguro eu me sinto, mais segurança vou querer.

Em termos ainda mais simples: o desejo de segurança e o sentimento de insegurança são a mesma coisa. Prender a respiração é perder a respiração. Uma sociedade baseada na busca por segurança não passa de um concurso de prender a respiração, no qual todo mundo acaba esticado feito elástico e púrpura feito beterraba.

Buscamos essa segurança nos fechando e nos fortalecendo de incontáveis maneiras. Queremos a proteção de ser "exclusivos" e "especiais", tentando pertencer à igreja mais segura, à melhor nação, à classe mais alta, ao círculo social certo e ao grupo de gente "legal". Essas defesas levam a divisões entre nós, portanto a mais insegurança, o que demanda mais defesas. Claro que é tudo feito de acordo com a crença sincera de que estamos tentando fazer as coisas certas e viver do melhor jeito; mas isso, também, é uma contradição.

Só consigo levar a sério a ideia de cumprir um ideal, de melhorar a mim mesmo, se eu estiver separado em dois. Precisa existir um "eu" bom para melhorar o "mim" ruim. O "eu", que tem as melhores intenções, vai agir sobre o "mim" teimoso, e a briga deles vai acentuar bastante a diferença entre um e outro. Em consequência, o "eu" vai se sentir mais distante do que nunca, apenas aumentando os sentimentos de solidão e desconexão que fazem com que o "mim" se comporte tão mal.

Mal podemos começar a levar o problema em conta, a não ser que fique claro que ansiar por segurança é em si dor e contradição e que, quanto mais insistimos nisso, mais doloroso fica. Isso é verdade, não importa em que forma de segurança se pense.

Você quer ser feliz, esquecer de si mesmo, mas, mesmo assim, quanto mais tenta, mais se lembra da persona que quer esquecer. Você quer escapar da dor, mas quanto mais luta para escapar, mais inflamado de agonia fica. Você está com medo e quer ser corajoso, mas o esforço para ser bravo é o medo tentando correr de si mesmo. Você quer paz de espírito, mas a tentativa de pacificação é como tentar acalmar as ondas com um ferro de passar.

Todos estamos familiarizados com esse tipo de círculo vicioso, na forma de preocupação. Sabemos que ficar preocupado é fútil, mas continuamos preocupados porque dizer que é fútil não faz com que pare. Ficamos preocupados porque nos sentimos inseguros e queremos ficar seguros. No entanto, é completamente inútil dizer que não *deveríamos* querer ficar seguros. Xingar um desejo não acaba com ele. O que temos que descobrir é que não existe segurança, que procurar segurança é doloroso e que, quando imaginamos que encontramos, não gostamos do resultado. Em outras palavras, se pudermos mesmo entender o que estamos procurando – entender que segurança é isolamento e o que fazemos com nós mesmos quando tentamos alcançá-la – vamos ver que não a queremos de jeito nenhum. Ninguém precisa dizer que não *devíamos* prender a respiração por 10 minutos. Sabemos que não podemos fazer isso e que tentar é bem desconfortável.

O principal é entender que não *existe* segurança. Um dos piores círculos viciosos é o problema do alcoólatra. Em muitíssimos casos, ele sabe que está se destruindo, que a bebida é veneno para ele, que na verdade ele odeia ficar bêbado, que nem gosta do sabor da bebida. Mesmo assim, ele bebe. Pois, por menos que goste, a experiência de não beber é pior.

Faz com que ele sinta os "horrores", pois fica cara a cara com a insegurança básica do mundo desmascarada. Eis o X da questão. Ficar cara a cara com a insegurança ainda é não entendê-la. Para entender, não é preciso encarar, mas ser. É como na história persa sobre o sábio que chegou à porta do céu e bateu. De dentro, a voz de Deus perguntou: "Quem está aí?", e o sábio respondeu: "Sou eu". "Nesta Casa", respondeu a voz, "não há espaço para você e para mim". Então o sábio foi embora e passou muitos anos considerando aquela resposta em meditação profunda. Voltou uma segunda vez, a voz fez a mesma pergunta e, de novo, o sábio respondeu: "Sou eu". A porta permaneceu fechada. Depois de alguns anos, ele voltou pela terceira vez e, depois dessa batida, a voz perguntou mais uma vez: "Quem está aí?" E o sábio gritou "És tu mesmo!" A porta se abriu.

Entender que não existe segurança é muito mais do que concordar com a teoria de que tudo muda, mais ainda que observar a transitoriedade da vida. A noção de segurança é baseada no sentimento de que há algo permanente dentro de nós, algo que perdura ao longo de todos os dias e de todas as mudanças da vida. Estamos lutando para garantir a permanência, a continuidade e a segurança desse núcleo permanente, desse centro, dessa alma do nosso ser que estou chamando de "eu". Pois é isso que acreditamos ser o verdadeiro ser humano – quem pensa os nossos pensamentos, quem sente nossos sentimentos e quem sabe o que sabemos. Não entendemos de fato que não existe segurança até perceber que esse "eu" não existe.

A compreensão vem da consciência. É possível, então, abordar nossa experiência – nossas sensações, sentimentos e ideias – de forma bastante simples, como se nunca tivéssemos tomado conhecimento deles antes e, sem preconceito, olhar o que está acontecendo? Alguém pode perguntar: "Quais experiências, quais sensações e sentimentos devemos olhar?" A resposta é que devemos olhar as que temos *agora*.

Sem dúvida, isso é bastante óbvio. Mas coisas bem óbvias costumam passar despercebidas. Se um sentimento não é presente, não temos consciência dele. Não existe experiência que não seja presente. O que sabemos, aquilo do que estamos realmente conscientes, e só o que está acontecendo neste momento, e nada mais.

Mas e as lembranças? Não é claro que, lembrando, também posso conhecer o que passou? Muito bem, lembre-se de alguma coisa. Lembre-se da ocorrência de ter visto um amigo descendo a rua. Do que você tem consciência? Você não está de fato assistindo ao evento verdadeiro, seu amigo descendo a rua. Não é possível que você vá até lá, aperte a mão dele ou consiga a resposta para uma pergunta que esqueceu de fazer nessa última ocasião de que se lembra.

É como ver as pegadas de um pássaro na areia. Eu vejo as pegadas presentes. Não vejo, ao mesmo tempo, o pássaro fazendo as pegadas uma hora antes. O pássaro voou, e eu não estou consciente dele. A partir das memórias, inferimos que houve eventos passados. Conhecemos o passado somente no presente e como parte do presente.

Estamos vendo, portanto, que nossa experiência é inteiramente momentânea. De um ponto de vista, cada momento é tão esquivo e tão breve que não conseguimos sequer pensar antes que acabe. De outro ponto de vista, esse momento está sempre aqui, já que não conhecemos nenhum outro momento senão o presente. Ele está sempre morrendo, sempre se tornando passado mais rápido do que a mente pode conceber. No entanto, está, ao mesmo tempo, sempre nascendo, sempre novo, emergindo na mesma rapidez do completo desconhecido que chamamos de futuro. Pensar sobre isso quase chega a dar falta de ar.

Dizer que a experiência é momentânea é, na verdade, dizer que a experiência e o momento presente são a mesma coisa. Dizer que este momento está sempre morrendo ou se tornando passado ou sempre nascendo ou saindo do desconhecido é dizer a mesma coisa sobre a experiência. A experiência que você acabou de ter desapareceu irrecuperavelmente, e tudo o que resta é um tipo de despertar ou de pegada no presente, a que chamamos de memória. Enquanto é possível adivinhar que experiência vem em seguida, na verdade você não sabe. Qualquer coisa pode acontecer. Mas a experiência que está acontecendo agora é, por assim dizer, uma criança recém-nascida que desaparece antes de sequer começar a envelhecer.

Enquanto você assiste a esta experiência presente, você tem consciência de *alguém* assistindo? Você consegue encontrar, além da própria experiência, alguém que passa por ela? Você consegue, ao mesmo tempo, ler *esta* frase e pensar sobre si mesmo lendo? Você vai descobrir que, para pensar sobre si mesmo lendo a frase, é preciso, por um breve segundo, parar de ler. A primeira experiência é ler. A segunda experiência é o pensamento. "Eu estou lendo." É possível encontrar o pensador que pensa o pensamento "Eu estou lendo"? Em outras palavras, se a experiência presente é o pensamento

"Eu estou lendo", é possível pensar sobre si mesmo pensando esse pensamento?

Mais uma vez, é preciso parar de pensar apenas "Eu estou lendo". Você passa a uma terceira experiência, que é o pensamento "Eu estou pensando que estou lendo". Não deixe a rapidez com que esses pensamentos podem mudar causar o sentimento enganoso de que você os pensa de uma vez.

Mas o que aconteceu? Nunca, em momento algum, você conseguiu se separar do pensamento presente ou da experiência presente. A primeira experiência presente foi ler. Quando você tentou pensar em si mesmo lendo, a experiência mudou, e a experiência presente seguinte foi o pensamento "Eu estou lendo". Você não conseguiu se separar dessa experiência sem passar para outra. Foi como uma criança brincando de ciranda. Enquanto você pensava "Eu estou lendo esta frase", não estava lendo. Em outras palavras, em cada experiência presente você só estava consciente daquela experiência. Nunca esteve consciente de estar consciente. Nunca foi capaz de separar quem pensa do pensamento, quem sabe do que é sabido. Tudo o que você encontrou foi um novo pensamento, uma nova experiência.

Estar consciente, portanto, é estar consciente de pensamentos, sensações, sentimentos, desejos e todas as outras formas de experiência. Nunca, em momento algum, você teve consciência de nada que *não* fosse experiência ou pensamento ou sentimento, mas, em vez disso, alguém que pensa ou sente. Já que é assim, o que nos faz pensar que uma coisa dessas exista?

Podemos dizer, por exemplo, que o "eu" que pensa é o corpo físico e o cérebro. Mas o corpo não está separado de jeito nenhum dos pensamentos e das sensações. Enquanto temos uma sensação, digamos, de toque, essa sensação é parte do corpo. Enquanto a sensação continua, não é possível tirar o corpo dela mais do que seria possível caminhar para fora de uma dor de cabeça ou dos próprios pés. Enquanto durar, a sensação é o seu corpo e é você. É possível tirar o corpo de uma cadeira desconfortável, mas não é possível tirá-lo da sensação de uma cadeira.

A noção de alguém separado que pensa, de um "eu" distinto da experiência, vem da memória e da rapidez com que o pensamento muda. É como rodar um graveto em chamas para dar a ilusão de um círculo de fogo. Se imaginarmos que a memória é conhecimento direto do passado mais do que uma experiência presente, é possível ter a ilusão de conhecer o passado e o presente ao mesmo tempo. Isso sugere que há algo em nós que é distinto tanto da experiência passada quanto da presente. Pensamos: "Eu conheço essa experiência presente, e ela é diferente daquela experiência passada. Se posso comparar as duas e perceber que a experiência mudou, devo ser algo constante e separado".

Mas, na verdade, não se pode comparar essa experiência presente com uma experiência passada. Só se pode compará-la com a memória do passado, *que é uma parte da experiência presente*. Quando vemos claramente que a memória é uma forma de experiência presente, fica óbvio que tentar se separar dessa experiência é tão impossível quanto tentar fazer os dentes se morderem. Só a experiência existe. Não existe algo ou alguém experimentando a experiência! Você não sente sentimentos, pensa pensamentos nem sente sensações mais do que ouve a audição, vê a visão ou sente o cheiro do olfato. "Eu me sinto bem" significa que um sentimento bom está presente. Não significa que exista uma coisa chamada "eu" e outra coisa separada chamada sentimento, de forma que quando elas se juntam esse "eu" *sente* um sentimento bom. Não existem sentimentos, mas sentimentos presentes, e qualquer sentimento que esteja presente será "eu". Ninguém nunca encontrou um "eu" sem uma experiência presente ou uma experiência sem um "eu" – o que só significa que os dois são a mesma coisa.

Como mero argumento filosófico, isso é perda de tempo. Não estamos tentando ter uma "discussão intelectual". Estamos sendo conscientes do fato de que qualquer "eu" separado que pensa pensamentos e vive experiências é uma ilusão. Entender isso é perceber que a vida é inteiramente momentânea, que não existe permanência nem segurança, e que não existe "eu" para ser protegido.

Uma história chinesa fala de um sujeito que foi ver um grande sábio, dizendo: "Eu não tenho paz de espírito. Por favor, pacifique minha mente". O sábio respondeu: "Apresente sua mente (seu "eu") para mim, e eu a pacificarei". "Durante todos esses anos", o outro respondeu, "busquei minha mente, mas não consigo encontrá-la." E o sábio concluiu: "Pois é lá que ela está em paz!"

A razão real pela qual a vida humana pode ser tão fundamentalmente exasperadora e frustrante não é a existência de fatos chamados morte, dor, medo ou fome. A loucura é que, quando esses fatos estão presentes, nós andamos em círculos, zumbimos, nos contorcemos e rodopiamos, tentando tirar o "eu" da experiência. Fazemos como se fôssemos amebas e tentamos nos proteger da vida nos separando em dois. Sanidade, completude e integração jazem na compreensão de que não somos divididos, que o ser humano e sua experiência presente são um só, e que nenhum "eu" separado e nenhuma mente separada podem ser encontrados.

Enquanto a noção de que estou separado da minha experiência continua, o resultado é confusão e tumulto. Por causa disso, não há consciência nem compreensão da experiência, portanto não há possibilidade real de assimilá-la. Para entender esse momento, devo tentar não me separar dele; devo estar consciente dele com todo o meu ser. Isso, como se eu me contivesse de segurar a respiração por 10 minutos, não é algo que eu *deva* fazer. Na verdade, é a única coisa que *posso* fazer. Tudo mais é a insanidade de tentar o impossível.

Para entender música, é preciso ouvir. Mas, enquanto você estiver pensando, "*Eu* estou ouvindo essa música", você não está ouvindo. Para entender alegria ou medo, é preciso estar consciente da alegria e do medo de um jeito completo e indivisível. Enquanto você permanecer teimando em nomeá-los e dizendo "eu estou feliz" ou "eu estou com medo", você não está consciente. Medo, dor, tristeza e tédio vão continuar sendo problemas se não os entendermos, e entender demanda uma mente una e indivisa. Este, sem dúvida, é o significado do estranho ditado: "Se teu olho for simples, todo o teu corpo será cheio de luz"*.

---

* Mateus, 6:22. O autor joga com duas das acepções possíveis da palavra inglesa *single* (i.e. "simples" e "único"). (N. do T.)

6. O MOMENTO MARAVILHOSO

Você está escutando música. De repente, eu pergunto: "Neste momento, quem é você?". Como responder imediata e espontaneamente, sem parar para procurar as palavras? Se a pergunta não fizer com que você fique espantado e pare de escutar a música, você vai responder cantarolando. Se a pergunta surpreender, você vai retrucar: "Neste momento, quem é você?". Mas, se parar para pensar, você vai tentar falar não sobre este momento, mas sobre o passado. Vou receber informação sobre seu nome e endereço, seus negócios e sua história pessoal. Mas perguntei quem *é* você, não quem você *era*. Pois, ter consciência da realidade, do momento presente, é descobrir que, um momento após o outro, a experiência é tudo. Não existe nada além dela – nenhuma experiência em que "você" experiencie a experiência.

Mesmo nos momentos a princípio mais autoconscientes, a "persona" de que temos consciência é sempre um sentimento ou uma sensação específica – tensão muscular, frio, calor, dor, irritação, estar respirando, o sangue correndo nas veias. Nunca acontece a sensação do que sente sensações, assim como não existe sentido nem possibilidade na ideia de cheirar o próprio nariz ou beijar os próprios lábios.

Em momentos de prazer e de felicidade, costumamos estar bem dispostos a tomar consciência do momento e deixar a experiência tomar conta de tudo. Nessas ocasiões, "esquecemos de nós mesmos", e a mente não tenta se separar de si mesma, se apartar da experiência. Mas com a chegada da dor, seja física ou emocional, real ou antecipada, a divisão começa e o círculo não para.

Assim que fica claro que o "eu" não tem chance de escapar da realidade do presente, já que o "eu" não passa do que sei agora, esse tumulto interior necessariamente acaba. Não resta possibilidade a não ser ter consciência da dor, do medo, do tédio e da mágoa do mesmo jeito integral que temos consciência do prazer. O organismo humano tem poderes incríveis de adaptação à dor, tanto física quanto psicológica. Mas esses poderes só podem se manifestar por completo quando a dor não é reestimulada o tempo todo por um esforço interior de se livrar dela, de separar o "eu" do sentimento. O esforço cria um estado de tensão no qual a dor se desenvolve. Mas quando a tensão cessa, a mente e o corpo absorvem a dor como a água reagindo a um golpe ou a um corte.

Há outra história sobre um sábio chinês, a quem perguntaram: "Como escapar do calor?", querendo dizer, claro, o calor do sofrimento. Ele respondeu: "Vá para o meio do fogo". "Mas, então, como vamos escapar das chamas flamejantes?" "Nenhuma outra dor vai incomodar!" Não precisamos ir até a China. A mesma ideia aparece na *Divina comédia*, em que Dante e Virgílio descobrem que a saída do inferno fica no centro.

Em momentos de grande alegria, via de regra, não paramos para pensar "Estou feliz" ou "Isso é alegria". Normalmente, não temos ideias desse tipo até que a alegria tenha saído do ápice, a não ser que estejamos ansiosos para que ela não acabe. Nessas circunstâncias, ficamos tão conscientes do momento que não fazemos nenhuma tentativa de comparar a experiência com outras. Por esse motivo, não damos nome, pois nomes que não são meras exclamações são baseados em comparação. "Alegria" se diferencia de "tristeza" por contraste, comparando um estado de espírito com o outro. Se nunca tivéssemos sabido o que é felicidade, seria impossível identificar tristeza como tristeza.

Mas, na verdade, não se pode comparar alegria com tristeza. A comparação só é possível através da alteração rápida entre os dois estados de espírito, e não se pode ir e vir dos sentimentos genuínos de alegria e tristeza como se pode passar os olhos de um gato para um cachorro. A tristeza só pode ser comparada com a *memória* da alegria, o que não é, de forma alguma, a mesma coisa que a alegria em si.

Como as palavras, as lembranças nunca conseguem "pegar" a realidade. As lembranças são algo abstratas, mais um conhecimento *sobre* coisas que *de* coisas. A memória nunca captura a essência, a intensidade presente, a realidade concreta de uma experiência. É, por assim dizer, o cadáver de uma experiência, de onde a vida desapareceu. O que sabemos sobre a memória, só sabemos de segunda mão. As lembranças estão mortas porque são fixas. A lembrança da falecida avó só pode repetir o que a avó era. Mas a avó real e presente sempre pode fazer ou dizer algo novo, e nunca é possível ter certeza absoluta quanto ao que ela vai fazer.

Existem, portanto, duas maneiras de entender uma experiência. A primeira é compará-la com lembranças de outras experiências e, assim, nomear e definir. Isso significa interpretá-la de acordo com o que morreu e passou. A segunda é ter consciência dela como é, por exemplo, quando, na intensidade da alegria, esquecemos o passado e o futuro, deixando o presente ser tudo, de forma que sequer paramos para pensar "Estou feliz".

Ambas as maneiras têm suas utilidades. Mas correspondem à diferença entre saber uma coisa através de palavras e saber imediatamente. Um cardápio é muito útil, mas não pode substituir o jantar. Um guia é uma ferramenta admirável, mas não tem comparação com o país que descreve.

Portanto, a questão é que quando tentamos entender o presente em comparação com lembranças, não o entendemos com a profundidade de quando tomamos consciência sem comparação. No entanto, essa é a forma como geralmente abordamos experiências desagradáveis. Em vez de tomar consciência delas como são, tentamos lidar com elas nos termos do passado. Uma pessoa assustada ou solitária logo começa a pensar "Estou com medo" ou "Estou muito sozinha".

Isso é, claro, uma tentativa de evitar a experiência. Não queremos estar conscientes *deste* presente. Mas, como não podemos sair do presente, nosso único escape é a memória. Aqui sentimos que estamos em território seguro, pois o passado é fixo e conhecido – mas também, é claro, morto. Assim, para tentar escapar, por exemplo, do medo, tentamos nos separar dele e "fixá-lo" através de uma reinterpretação em termos de memória, do que já é fixo e conhecido. Em outras palavras, tentamos nos adaptar ao presente misterioso ao compará-lo com o passado (em lembrança), ao nomeá-lo e "identificá-lo".

Ficaria tudo muito bem se estivéssemos tentando nos livrar de algo de que fosse *possível* nos livrar. É um processo útil para saber quando entrar em casa num dia chuvoso. Mas não diz como viver com coisas das quais não se pode escapar, que já são parte de nós. O corpo não elimina toxinas porque sabe o nome delas. Tentar controlar medo, depressão ou tédio chamando-os pelo nome é recorrer à superstição de confiar em maldições e invocações.

É muito fácil ver porque não funciona. Obviamente, tentamos conhecer, nomear e definir o medo de forma a torná-lo "objetivo", ou seja, separado do "eu". Mas por que estamos tentando nos separar do medo? Porque estamos com medo. Em outras palavras, medo é tentar se separar do medo, como se fosse possível combater fogo com fogo.

E isso não é tudo. Quanto mais nos habituamos a entender o presente em termos de lembrança, o desconhecido através do desconhecido, o vivo através do morto, mais seca e embalsamada, mais frustrada e sem alegria, a vida se torna. Protegido da vida, o ser humano se torna um molusco fechado na concha da "tradição", de forma que, quando a realidade finalmente entra, como é inevitável, a maré do medo reprimido corre sem controle.

Se, por outro lado, você tem consciência do medo, percebe que, porque esse medo se torna você, é impossível escapar dele. Você se dá conta de que chamar de "medo" diz pouco ou nada sobre o sentimento, pois comparar e nomear se baseia não na experiência passada, mas na memória. Não há escolha, então, a não ser empregar todo o seu ser em tomar consciência do medo como uma experiência completamente nova. Na verdade, *toda* experiência é, nesse sentido, nova, e, em todo momento da vida, estamos no meio do novo e do desconhecido. A partir daí, a experiência é recebida sem que haja resistência a ela ou a que seja nomeada, e desaparece a impressão de conflito entre o "eu" e a realidade presente.

Esse conflito não para de nos corroer por dentro porque fazemos da vida um longo esforço para resistir ao desconhecido, ao presente real em que se vive, que é o desconhecido inerente à existência. Vivendo assim, nunca aprendemos a conviver com isso. O tempo todo ficamos cautelosos, hesitantes e na defensiva. E a troco de nada, pois a vida nos empurra para dentro do desconhecido indiferente, e resistir é tão fútil e exasperante quanto tentar nadar contra uma corrente feroz.

A arte de viver esse dilema não é boiar despreocupadamente por um lado, nem ficar com medo e se agarrar ao passado e ao conhecido por outro. Consiste em ser completamente sensível ao momento, em encará-lo como totalmente novo e único, em ter a mente aberta e receptiva ao máximo.

Isso não é uma teoria filosófica, mas um experimento. É preciso fazer o experimento para entender que ele traz à tona capacidades completamente novas de adaptação à vida, de literalmente *absorver* a dor e a insegurança. Descrever como essa absorção funciona é tão difícil quanto explicar o batimento do coração ou a formação dos genes. A mente "aberta" faz esse experimento como a maioria respira: sem conseguir explicar nada. O princípio por trás dele é claramente algo como o *judô*: o caminho (*dô*) suave (*ju*) de dominar uma força contrária se rendendo a ela.

O mundo natural dá vários exemplos da grande eficiência desse caminho. A filosofia chinesa da qual o próprio judô é uma expressão – o taoísmo – chamou atenção para a capacidade que a água tem de superar todos os obstáculos sendo suave e flexível. Mostrou como o salgueiro maleável sobrevive ao pinheiro duro em uma tempestade de neve, pois, enquanto os galhos rígidos do pinheiro acumulam neve até quebrar, os ramos macios do salgueiro se curvam sob o peso, derrubam a neve e se reestabelecem.

Se, nadando, alguém for pego por uma corrente violenta, resistir é fatal. É preciso nadar no sentido dela e se esgueirar aos poucos para o lado. Quem cai de um lugar alto com os membros rígidos acaba quebrando os ossos, mas, se relaxar como um gato, cai em segurança. Um prédio sem "maleabilidade" na estrutura cai facilmente em uma tempestade ou em um terremoto, e um carro sem o amortecimento dos pneus e das molas logo se despedaça na estrada.

A mente tem as mesmas capacidades, pois tem *maleabilidade* e pode *absorver* choques como água ou um amortecedor. Mas esse jeito de se render a uma força oposta não é, de forma alguma, o mesmo que fugir. Uma massa de água não foge quando recebe um soco; apenas cede no ponto de contato e se fecha sobre a mão. Um amortecedor de carro não cai feito um pino de boliche quando é atingido; ele cede, mas, ainda assim, permanece no mesmo lugar. Fugir é a única defesa de algo *rígido* contra uma força avassaladora. Portanto, o bom amortecedor não é apenas "maleável", mas também tem estabilidade ou "peso".

Esse peso é também uma função da mente, e aparece na preguiça, um fenômeno muito pouco compreendido. É significativo que gente nervosa e frustrada esteja sempre ocupada, mesmo no ócio, e esse ócio é a "preguiça" do medo, não do descanso. Mas o sistema mente-corpo conserva e acumula energia. Para fazer isso, ser preguiçoso é adequado. Depois que a energia é armazenada, é bom se movimentar, mas com destreza – no caminho de menor resistência. Portanto, a preguiça não é apenas necessária, mas é a mãe da invenção. Podemos observar os movimentos vagarosos, "pesados" de um trabalhador habilidoso envolvido em uma tarefa difícil, e, até para ir contra a gravidade, o bom alpinista usa a gravidade, dando passos largos, lentos e pesados. Ele parece usar a inclinação do jeito como um barco usa o vento.

À luz desses princípios, como a mente absorve sofrimento? Descobrindo que resistência e fuga – o procedimento do "eu" – é um movimento em falso. A dor é inescapável, e a resistência como defesa só faz piorar; o choque sacode todo o sistema. Ao ver a impossibilidade dessa opção, é preciso agir de acordo com sua própria natureza – permanecer estável e absorver.

Permanecer estável é se abster de tentar se separar de uma dor por saber que é impossível. Fugir do medo é medo, lutar contra a dor é dor, tentar ser corajoso é estar assustado. Se a mente está com dor, a mente é a dor. O pensador não tem outra forma além do pensamento. Não há saída. Mas quem não está consciente da indissociabilidade de pensador e pensamento tenta escapar.

Daí se segue, de forma bastante natural, a absorção. Não é nenhum esforço; a mente faz isso por si só. Ao ver que não há como escapar da dor, a mente cede a ela, a absorve, e se torna consciente da dor em si, sem nenhum "eu" que a sinta ou resista a ela. A mente passa pela dor do mesmo jeito completo, não autoconsciente, que passa pelo prazer. A dor é a natureza deste momento presente, e só posso viver neste momento.

Às vezes, quando a resistência cessa, a dor simplesmente vai embora ou diminui até ficar tolerável. Outras vezes, ela persiste, mas a falta de qualquer resistência traz à tona um jeito tão pouco familiar de sentir dor que chega a ser difícil descrever. A dor deixa de ser *problemática*. Estou sentindo, mas sem a comichão de me livrar dela, pois descobri que dor e esforço para me separar dela são a mesma coisa. Querer sair da dor *é* a dor; não é a "reação" de um "eu" distinto dela. Quando descobrimos isso, o desejo de escapar "se mescla" à própria dor e *some*.

Ignorando a aspirina por um momento, você não consegue tirar a cabeça de uma dor de cabeça do mesmo jeito como conseguiria tirar a mão do fogo. "Você" é igual a "cabeça", que é igual a "dor". Quando você realmente perceber que *é* a dor, ela deixa de ser um motivo, pois não há quem mover. Ela se torna, no sentido verdadeiro, sem consequência. Dói – ponto.

Contudo, esse experimento não deve ficar de reserva, como um truque, para momentos de crise. É um modo de vida. Significa estar sempre consciente, alerta e sensível ao momento presente, em quaisquer ações e relações, a partir deste instante. Em contrapartida, isso depende de ver que não há outra saída mesmo a não ser a consciência – porque não é possível se separar do presente nem defini-lo. É possível, na verdade, se recusar a admitir isso, mas ao custo do esforço enorme e fútil de passar a vida inteira resistindo ao inevitável.

O momento maravilhoso

Uma vez que isso foi compreendido, é bastante absurdo dizer que há uma escolha ou uma alternativa entre os dois modos de vida, entre resistir ao fluxo em pânico estéril e ficar de olhos abertos para um mundo novo, transformado e sempre renovado em maravilha. A chave é entender. Perguntar como fazer isso, qual é a técnica ou o método, quais são os passos e as regras, é estar completamente equivocado. Métodos servem para criar coisas que ainda não existem. Estamos tentando entender algo que *existe* – o momento presente. Não se trata de disciplina psicológica ou espiritual para o crescimento pessoal. Trata-se apenas de consciência da experiência presente e de perceber que não é possível defini-la nem se separar dela. A única regra é: "Veja!"

Não é sentimentalismo poético dizer que, com a mente aberta assim, vemos um novo mundo, tão novo quanto no dia da criação, "quando as estrelas da manhã cantaram juntas, e todos os filhos de Deus gritaram de alegria". Tentando entender tudo em termos de memória, passado e palavras, passamos a maior parte da vida, por assim dizer, com a cara enfiada no guia, sem nunca ter olhado para a paisagem. A crítica de Whitehead à educação tradicional pode ser aplicada ao nosso modo de viver:

> A rotina escolar é exclusivamente livresca... No Jardim do Éden, Adão viu os animais antes de dar nome a eles; no sistema tradicional, as crianças deram nome aos animais antes de tê-los visto.[*]

---

[*] Alfred North Whitehead, *Science and the Modern World* [disponível em português como *A ciência e o mundo moderno*]. (Cambridge, 1933, p.249) (N. do A.)

No sentido mais amplo da palavra, nomear é interpretar a experiência do passado, traduzi-la em termos de memória, vincular o desconhecido ao sistema do conhecido. O ser humano civilizado mal conhece outro jeito de entender as coisas. Tudo, todo mundo precisa de rótulo, número, certificado, registro, classificação. O que não é classificado é irregular, imprevisível e perigoso. Sem passaporte, certidão de nascimento ou cidadania de algum país, mal se reconhece a existência de alguém. Quem não concorda com os comunistas é chamado de capitalista e vice-versa. Alguém que não concorde com nenhum dos dois pontos de vista está começando a ficar ininteligível.

Que exista uma maneira de ver a vida dissociada de qualquer conceito, crença, opinião e teoria é uma possibilidade muito remota da mente moderna. Se tal ponto de vista existir, só pode ser no cérebro vazio de um idiota. Sofremos da ilusão de que o universo é todo ordenado por categorias do pensamento humano, temendo que, se não nos apegarmos a elas com a maior tenacidade, tudo vai acabar em caos.

Vamos repetir: memória, pensamento, linguagem e lógica são essenciais para a vida humana. São meio caminho para a sanidade. Mas uma pessoa, uma sociedade, que seja só meio sã é maluca. Ver a vida sem palavras não é perder a habilidade de formar palavras – de pensar, lembrar e fazer planos. Ficar em silêncio não é perder a língua. Pelo contrário, é só em silêncio que se pode descobrir algo novo sobre o qual falar. Alguém que falasse incessantemente, sem parar para ver e ouvir, se repetiria *ad nauseam*.

O mesmo se dá com o pensamento, que é, na verdade, fala silenciosa. Não é, por si só, aberto à descoberta de nada novo, pois suas únicas novidades são meros rearranjos de palavras e ideias velhas. Houve um tempo quando a língua estava sendo enriquecida por novas palavras o tempo todo – um tempo quando seres humanos, como Adão, viam as coisas antes de dar nome a elas. Hoje, quase todas as palavras novas são rearranjos de palavras velhas, pois estamos deixando de pensar criativamente. Com isso, não quero dizer que todos deveríamos estar explodindo de invenções e descobertas revolucionárias. Essa capacidade – sempre rara – é de quem consegue tanto ver quanto interpretar o desconhecido. Para a maioria de nós, a outra metade do caminho para a sanidade está em simplesmente ver e aproveitar o desconhecido, assim como aproveitamos uma música sem saber como foi escrita ou como o corpo faz para ouvi-la.

Sem dúvida, o pensador revolucionário precisa ir além do pensamento. Ele sabe que quase todas as melhores ideias vêm quando o pensamento para. Talvez batalhe muito para entender um problema em termos de velhos jeitos de pensar, descobrindo depois que isso é impossível. Mas, quando o pensamento para por causa da exaustão, a mente se abre para ver o problema como ele é – não como é verbalizado – e o entende de imediato.

Ir além do pensamento, porém, não é exclusividade dos gênios. Está disponível a todos nós desde que "o mistério da vida não seja um problema a ser resolvido, mas uma realidade a ser vivida". Muitos têm o dom da visão, mas poucos são profetas. Muitos podem ouvir música, mas poucos conseguem tocar e compor. Mas não é possível sequer ouvir, caso alguém só escute em termos do passado. Como captar uma sinfonia de Mozart com os ouvidos afinados apenas para música de tambores? Vai ser possível pegar o ritmo, mas quase nada da harmonia e da melodia. Em outras palavras, não vamos conseguir descobrir um elemento essencial da música. Para poder escutar – quanto mais escrever – uma sinfonia, os seres humanos precisaram descobrir novos sons – as vibrações de corda de tripa, os ruídos do ar em um tubo e o zumbido do arame dedilhado. Precisaram descobrir o mundo da tonalidade como algo completamente diferente de vibração.

Se só consigo pensar em vibração, não posso apreciar a tonalidade. Se só vejo pintura como um jeito de fazer fotografias coloridas sem uma câmera, não vou ver nada além de inépcia em uma paisagem chinesa. Não aprendemos nada muito importante que possa ser explicado por completo em termos de experiência passada. Se fosse possível entender tudo em termos do que já sabemos, poderíamos transmitir a sensação de cor para um cego com nada além de som, gosto, tato e cheiro.

Se isso é verdade em relação às várias artes e ciências, é mil vezes mais quando tentamos entender a vida em um sentido mais amplo e queremos ter algum conhecimento da Realidade definitiva, ou Deus. Sem dúvida, é absurdo buscar por Deus em termos de uma ideia preconcebida do que Deus seja. Tal busca só encontra o que já sabíamos, eis porque é tão fácil nos enganarmos e acreditarmos em todas as formas "sobrenaturais" de experiências e visões. Acreditar em Deus e procurar pelo Deus em que você acredita não passa de buscar a confirmação de uma opinião. Indagar uma revelação da vontade de Deus e "colocá-la à prova", tomando seus padrões morais preconcebidos como referência, é zombar do que significa indagação. Buscar "Deus" desse jeito não passa de pedir o aval de uma autoridade e de uma certeza absolutas para o que você já acreditava, uma garantia de que o desconhecido e o futuro vão ser uma continuação do que você quer conservar do passado – uma fortaleza melhor e maior para o "eu". *Ein feste Burg!**

Se só estamos abertos a descobertas que estejam de acordo com o que já sabemos, é melhor sermos fechados. É por isso que as conquistas maravilhosas da ciência e da tecnologia são de pouca utilidade real para nós. É em vão que podemos prever e controlar o rumo dos eventos no futuro, a não ser que saibamos como viver no presente. É em vão que médicos prolonguem a vida se vamos passar esse tempo extra ansiosos por viver ainda mais. É em vão que engenheiros inventem meios mais fáceis e rápidos de transporte se as paisagens que vemos são organizadas e compreendidas em termos de velhos preconceitos. É em vão que conseguimos o poder do átomo se vamos só manter o hábito rotineiro de explodir gente.

Ferramentas como essas, assim como as ferramentas da língua e do pensamento só são realmente úteis para os seres humanos se eles estiverem despertos – não perdidos na terra dos sonhos do passado e do futuro, mas em contato próximo com o ponto da experiência em que só a realidade pode ser descoberta: este momento. Aqui a vida está viva, vibrante, vívida e presente, contendo profundidades que mal começamos a explorar. Mas para ver e entender isso, a mente não pode estar dividida entre "eu" e "esta experiência". O momento precisa ser o que sempre é – tudo o que você é e tudo o que você sabe. *Nesta* casa não há lugar para você e para mim!

---

* Em alemão no original: "Uma fortaleza poderosa". Referência ao hino escrito por Martinho Lutero (1483-1546). *"Ein feste Burg ist unser Gott"* [Nosso Deus é uma fortaleza poderosa]. (N. do T.)

7. A TRANSFORMAÇÃO DA VIDA

O homem branco se acha uma pessoa prática que quer "alcançar resultados". Fica impaciente com teorias e com qualquer discussão que não leve de pronto a aplicações concretas. É por isso que o comportamento da civilização ocidental pode ser descrito, em geral, como "muito barulho por nada". O sentido adequado de "teoria" não é especulação ociosa, mas *visão*, e foi bem dito que "onde não há visão as pessoas sucumbem".

Mas visão nesse sentido não significa sonhos e ideias para o futuro. Significa compreensão da vida como ela é, do que nós somos e do que estamos fazendo. Sem esse tipo de conhecimento, é simplesmente ridículo falar sobre ser prático e alcançar resultados. É como andar apressado no meio de um nevoeiro: sem rumo. Não sabemos para onde vamos nem quais resultados queremos de verdade.

Para mentes que pensam assim, o que discutimos até aqui pode parecer teórico demais. Tudo bem com essas ideias, mas elas funcionam? Preciso perguntar: "O que você entende por funcionar?" A "prova funcional" de uma filosofia costuma ser se ela faz as pessoas melhores e mais felizes, se resulta em paz, cooperação e prosperidade. Contudo, esse critério não tem sentido e é desprovido de compreensão "teórica". O que você entende por felicidade? As pessoas "melhores" são melhores em quê? Em que vão cooperar? O que se faz com paz e prosperidade?

A resposta para essas perguntas depende inteiramente do que somos e do que queremos de verdade agora. Por exemplo, se queremos, de uma vez só, paz e isolamento, irmandade e segurança para o "eu", felicidade e permanência, nossos quereres são contraditórios. Os resultados, por mais práticos que possamos ser para alcançá-los, vão ser novas contradições. É a velha história de querer comer o bolo e ficar com ele – para a qual a única conclusão possível é pôr o bolo no estômago e *deixar* lá até ter uma indigestão violenta.

Se vamos ser nacionalistas e ter um Estado soberano, não podemos esperar a paz mundial. Se quisermos ter tudo pelo menor custo possível, não podemos esperar a melhor qualidade possível, e o equilíbrio entre os dois é a mediocridade. Se vamos defender um ideal superior de moralidade, não vamos conseguir evitar a hipocrisia. Se nos apegarmos à crença em Deus, não podemos ter fé também, já que fé não é apego, mas desapego.

Depois de decidir o que *de fato* queremos, sobram, na verdade, vários problemas práticos e técnicos. Mas não adianta nada discuti-los antes da decisão. No entanto, não há como tomar a decisão enquanto a mente estiver dividida em duas, enquanto o "eu" for uma coisa e a "experiência" for outra. Como a mente é a força orientadora por trás da ação, a mente e sua concepção de vida precisam se curar antes que a ação só consiga ser conflito.

Portanto, é preciso falar sobre uma concepção saudável de vida, à qual se chega através de consciência completa, pois envolve uma transformação profunda da nossa visão de mundo. Na melhor descrição possível: essa transformação consiste em saber e sentir que o mundo é uma unidade orgânica.

Comumente, "sabemos" disso enquanto informação, mas não sentimos que seja verdade. Sem dúvida, a maioria das pessoas se sente separada do que está ao redor de si. De um lado, eu; do outro, o resto do universo. Não tenho raízes na terra como uma árvore. Sou independente e não preciso de muito espaço. Parece que eu sou o centro de tudo, mas me sinto desconectado e sozinho. Sinto o que acontece no meu próprio corpo, mas o que acontece nos outros só posso supor. Minha mente consciente deve ter raízes e origens nas profundezas mais incomensuráveis do ser; ainda assim, tenho a sensação de que ela vive sozinha nesse crânio apertado.

Contudo, a realidade física é que meu corpo só existe em relação com o universo, e, de fato, estou tão ligado ao universo e sou tão dependente dele quanto uma folha é dependente de uma árvore. Sinto que estou desconectado só porque estou dividido dentro de mim, porque tento me separar dos meus próprios sentimentos e das minhas próprias sensações. Portanto, o que eu sinto parece alheio a mim. E, ao tomar consciência da irrealidade dessa divisão, o universo deixa de parecer alheio.

Pois sou o que sei; o que sei sou eu. A sensação de uma casa do outro lado da rua ou de uma estrela no espaço sideral não é menos eu que uma coceira na sola do pé ou uma ideia na cabeça. Em outro sentido, também sou o que não sei. Não tenho consciência do meu próprio cérebro *enquanto* cérebro. Da mesma forma, não tenho consciência da casa do outro lado da rua como algo separado da sensação que causa em mim. Conheço meu cérebro como pensamentos e sentimentos, e conheço a casa como sensações. Do mesmo jeito e no mesmo sentido que não conheço meu próprio cérebro nem a casa como uma coisa-em-si, não conheço os pensamentos particulares do seu cérebro.

Mas o meu cérebro, que também sou eu, o seu cérebro e os pensamentos dentro dele, assim como a casa do outro lado da rua, são formas de um processo essencialmente emaranhado chamado mundo real. Por mais ou menos consciência disso que eu tenha, tudo sou eu no sentido em que o sol, o ar e a sociedade humana são tão vitais para mim quanto meu cérebro ou meus pulmões. Se, portanto, este cérebro é o meu cérebro – por mais inconsciente disso que eu esteja – o sol é o meu sol, o ar é o meu ar e a sociedade é a minha sociedade.

Sem dúvida, é impossível mandar o sol assumir o formato de um ovo ou forçar o cérebro a pensar de modo diferente. Não posso ver o que há dentro do sol nem compartilhar dos sentimentos íntimos que você tem. Ainda assim, tampouco posso mudar o formato ou a estrutura do meu próprio cérebro ou ter a sensação de que ele é uma geringonça em forma de couve-flor. Mas, se o meu cérebro, apesar disso, sou eu, o sol sou eu, o ar sou eu, e a sociedade da qual você é um membro também sou eu – pois tudo isso é tão essencial para minha existência quanto meu cérebro.

Que exista um sol independente do que percebo é uma dedução. O fato de que eu tenha um cérebro, embora não possa vê-lo, é uma dedução da mesma maneira. Só conhecemos essas coisas em teoria, não por experiência imediata. Mas esse mundo "externo" de objetos teóricos é, aparentemente, uma unidade tanto quanto o mundo "interno" da experiência. Pela experiência, entendo que o mundo "externo" existe. E, como a experiência é uma unidade – eu sou minhas sensações –, devo deduzir que esse universo teórico é uma unidade, que meu corpo e o mundo formam um único processo.

Pois bem, há muitas teorias sobre a unidade do universo. Mas nenhuma livrou os seres humanos do isolamento do egotismo, do conflito e do medo da vida, pois há uma imensa diferença entre dedução e sentimento. É possível entender que o universo é uma unidade sem sentir que seja. É possível estabelecer a teoria de que seu corpo é um movimento de um processo contínuo que inclui todos os sóis e todas as estrelas, e ainda assim continuar se sentindo separado e sozinho. Pois o sentimento não corresponde à teoria até que se descubra a unidade da experiência interior. Apesar de todas as teorias, você vai sentir que está isolado da vida enquanto estiver dividido por dentro.

Mas deixamos de nos sentir isolados quando reconhecemos, por exemplo, que não *temos* uma sensação de céu: *somos* a sensação. No que diz respeito a sentimento, a sensação do céu é o céu, e não existe "você" separado do que você sente, percebe e sabe. É por isso que os místicos e muitos poetas dão voz ao sentimento de que são "parte do Todo" ou de que estão "unidos com Deus" ou, como Sir Edwin Arnold exprimiu:

> Deixando o ego para trás, o universo se torna eu.

Às vezes, de fato, isso é mero sentimentalismo, o poeta que é "parte da Natureza" só enquanto ela está de bom humor.

> Não vivo em mim, mas me torno
> Parte do que me circunda; e para mim
> Montanhas altas são um sentimento, mas o zumbido
> Das cidades humanas, tortura: Não vejo
> Nada detestável na natureza, exceto ser
> Um elo relutante em uma corrente carnal,
> Preso entre criaturas, quando a alma pode ir-se,
> E com o céu, com o ápice, e com a simplicidade ondulante
> Do oceano, das estrelas, mesclar-se, e não em vão.*

Esse arrebatamento rural de Byron é irrelevante. Ele só se acertou com a natureza na medida em que se entendeu com

---

* Passagem LXXII do Canto III do poema Childe Harold's Pilgrimage ["A peregrinação de Childe Harold] de Lord Byron (1788-1824). (N. do T.)

sua própria natureza humana. Moscas gostam que o mel seja doce, mas não que seja grudento, por isso ele se vê como

> Um elo relutante em uma corrente carnal,
> Preso entre criaturas.

Sentimentalistas não olham para as profundezas da natureza e enxergam:

> Existências indolentes que pastam por lá, suspensas, ou rastejando lentamente perto do fundo...
> O tubarão de olhos de chumbo, o leão-marinho, a tartaruga, a foca-leopardo peluda e o ratão...
> As paixões, guerras, buscas, tribos – a vista daquelas profundidades oceânicas – respirando aquele ar pesado e respirável.*

O ser humano precisa descobrir que tudo o que contempla na natureza – o mundo das profundezas do oceano, estranho e longínquo, os ermos de gelo, os répteis do pântano, as aranhas e os escorpiões, os desertos de planetas sem vida – tem uma contrapartida dentro de si mesmo. Ele não estará, portanto, em sintonia consigo mesmo até perceber que esse "avesso" da natureza e os sentimentos de terror causados por ele também são "eu".

Pois todas as qualidades que admiramos ou detestamos no mundo ao redor de nós são reflexos de dentro – embora

---

* Versos de "The World below the Brine" ["O mundo sob a água salgada"], do livro *Leaves of Grass* [Folhas da relva], de Walt Whitman (1819-1892). (N. do T.)

A transformação da vida

de um dentro que também é um além inconsciente, vasto e desconhecido. Nossos sentimentos a respeito do mundo peçonhento do ninho das vespas e do poço de cobras são sentimentos a respeito dos aspectos escondidos de nossos próprios corpo e cérebro e de todas as potencialidades deles para arrepios pouco familiares, doenças de aparência ruim e dores inimagináveis.

Não sei se é verdade, mas dizem que alguns dos grandes sábios e "iluminados" têm um poder aparentemente sobrenatural sobre feras e répteis que são sempre perigosos para os mortais comuns. Se for verdade, sem dúvida isso se dá porque eles são capazes de viver em paz com "as feras e os répteis" dentro de si mesmos. Não precisam chamar o elefante selvagem de Beemote nem o monstro marinho de Leviatã; podem se dirigir a eles com familiaridade, como "Narigão" e "Pegajoso".

O sentido de unidade com o "Todo" não é, no entanto, um estado de espírito nebuloso, um tipo de transe, no qual toda forma e toda distinção são abolidas, como se o ser humano e o universo se fundissem em uma névoa luminosa de cor malva claro. Assim como processo e forma, energia e matéria, minha pessoa e a experiência são nomes para a mesma coisa e jeitos de enxergá-la – de forma que um e muitos, unidade e multiplicidade, identidade e diferença não são contrários mutuamente excludentes: um é o outro, assim como o corpo é seus vários órgãos. Descobrir que variedade é unidade e que unidade é variedade significa perceber que ambas as coisas são palavras e sons que representam o que é, ao mesmo tempo, óbvio de perceber e sentir, e um enigma para a lógica e para a capacidade descritiva.

Um jovem em busca de sabedoria espiritual se coloca sob os ensinamentos de um homem santo famoso. O sábio o coloca como assistente pessoal e, depois de uns meses, o jovem reclama que até aquele ponto ainda não tinha recebido ensinamento nenhum. "Como assim?", exclamou o homem santo. "Quando você trouxe o arroz, eu não comi? Quando você trouxe o chá, não bebi? Quando você me cumprimentou, não devolvi o cumprimento? Quando deixei de lhe dar ensinamento?" "Acho que não entendi", o jovem disse, completamente desnorteado. "Quando você quiser examinar algo, seja direto no seu olhar. Se começar a pensar, tudo se perde."

> Colho crisântemos junto à cerca oriental;
> Olho em silêncio para as montanhas do sul;
> Os pássaros voam para casa em pares
> Através do ar suave das montanhas ao cair da noite –
> Nessas coisas há um significado profundo,
> Mas, quando estamos prestes a expressá-lo,
> De repente esquecemos as palavras.*

O significado não está na atmosfera contemplativa, crepuscular e talvez superficialmente idílica de que os poetas chineses gostam tanto. Ela já foi expressa, e o poeta não doura a pílula. Ele não vira filósofo, como tantos poetas ocidentais, para dizer que ele e as flores, a cerca, as montanhas e os

---

* Versos do poema "Construí minha cabana em uma área de habitação humana", de Tao Yuanming, poeta chinês (365-427). (N. do T.)

pássaros são "um só". Isso também é dourar a pílula ou, para usar uma expressão oriental, "colocar pernas numa cobra". Pois depois de entender sua união com o que é visto e sabido, ninguém sai pelo campo pensando: "Eu *sou* isso tudo". "Isso tudo" é simplesmente o que existe.

O sentimento de estarmos cara a cara com o mundo, desconectados e postos de lado, tem grande influência em pensamento e ação. Filósofos, por exemplo, costumam ter problemas para reconhecer que o que dizem sobre o universo também se aplica a eles e ao que dizem. Se o universo é sem sentido, declarar isso também é. Se o mundo é uma armadilha viciosa, o mesmo pode ser dito de quem o acusa, o roto falando do esfarrapado.

No sentido mais estrito, não podemos pensar nada sobre vida e realidade, pois isso teria que incluir pensar sobre pensar, pensar sobre pensar sobre pensar, e assim *ad infinitum*. Só podemos tentar desenvolver uma filosofia descritiva e racional do universo com base na suposição de que somos completamente separados dele. Mas, caso você e seus pensamentos façam parte do universo, você não pode sair deles para descrevê-los. É por isso que todos os sistemas filosóficos e teológicos acabam caindo por terra. Para "conhecer" a realidade, não é possível ficar de fora e defini-la; é preciso entrar nela, ser a realidade e senti-la.

A filosofia especulativa, como a conhecemos no Ocidente, é quase toda um sintoma da mente dividida, do ser humano tentando sair de si mesmo e da experiência para verbalizá-la e defini-la. É um círculo vicioso, como tudo que vem da mente dividida.

Por outro lado, a percepção de que a mente na verdade está inteira deve ter uma influência correspondente e de alcance igualmente profundo no pensamento e na ação. Assim como o filósofo tenta sair de si mesmo e do seu pensamento, também o sujeito comum, como vimos, tenta sair de si mesmo e de suas emoções e sensações, de seus sentimentos e desejos. O resultado é uma confusão e uma má orientação de conduta fantásticas às quais a descoberta da unidade da mente põe fim.

Enquanto a mente estiver partida, a vida sempre será conflito, tensão, frustração e desilusão. Acrescenta-se sofrimento a sofrimento, medo a medo, e tédio a tédio. Quanto mais a mosca luta para sair do mel, mais rápido fica sem alternativas. Sob a pressão de tanto esforço e futilidade, não é de espantar que muita gente busque alívio na violência, no sensacionalismo e na exploração desenfreada do corpo, dos apetites, do mundo material e dos outros humanos. O que isso acrescenta às dores necessárias e inevitáveis da existência é incalculável.

Mas a mente indivisa está livre dessa tensão de sempre tentar sair de si mesmo e estar em outro lugar em vez de aqui e agora. Cada momento é vivido por completo, e isso acarreta uma sensação de realização e completude. A mente dividida se senta à mesa de jantar e belisca um prato depois do outro, apressada, sem digerir nada, sem saber qual é melhor. Não acha nada bom porque não sente o gosto de nada de verdade.

Quando, por outro lado, percebemos que vivemos neste momento agora, que na verdade *somos* este momento e nenhum outro, que, além dele, não há passado nem futuro, é preciso relaxar e sentir o gosto ao máximo, seja de prazer ou de dor. Logo se torna óbvio por que este universo existe, por que seres conscientes foram produzidos, o porquê dos órgãos sensoriais, o porquê do espaço, do tempo e da mudança. Toda a questão de justificar a natureza, de tentar fazer com que a vida signifique algo em termos de futuro, desaparece completamente. Obviamente, tudo existe para este momento. É uma dança, e quem dança não tem intenção de chegar a lugar nenhum. A pessoa anda para lá e para cá, mas sem a ilusão de estar buscando algo ou fugindo do inferno. Há quanto tempo os planetas estão circundando o sol? Eles estão indo a algum lugar, e aumentam a velocidade cada vez mais para chegar lá? Quantas vezes a primavera chegou na terra? Ela chega mais rápido e mais enfeitada a cada ano para garantir que vai ser melhor que a primavera passada e se apressa para ser a primavera das primaveras?

O sentido e o propósito da dança são a dança. Assim como a música, a dança se completa a cada momento. Não se toca uma sonata *para* chegar ao último acorde, e, se o significado das coisas simplesmente estivesse nos fins, os compositores não escreveriam nada além de finais. Contudo, deve-se observar de passagem que a música mais característica da nossa cultura é progressiva em alguns aspectos, e às vezes parece estar decididamente voltada para um clímax futuro. Mas, quando chega lá, não sabe o que fazer de si mesma. Beethoven, Brahms e Wagner são especialmente culpados de elaborar clímax e conclusões colossais e repetir o mesmo acorde sem parar, destruindo o momento por se recusar a deixá-lo.

Quando cada momento se torna uma expectativa, a vida fica privada de realização, e a morte é temida pois parece ser o fim da expectativa. A esperança é a última que morre – e, para quem vive de esperança, a morte é o fim. Mas para a mente indivisa, a morte é outro momento, completo como todo momento, e não pode entregar seu segredo até ser vivido ao máximo –

> E me entrego com uma vontade.

A morte é o epítome da verdade que diz que a cada momento somos lançados no desconhecido. Todo apego à segurança é forçado a acabar, e, onde quer que o passado seja descartado e abandonado com segurança, a vida se renova. A morte é o desconhecido que todos vivemos antes do nascimento.

Nada é mais criativo que a morte, já que ela é o segredo da vida. Isso significa que o passado deve ser abandonado e que não é possível evitar o desconhecido, que o "eu" não pode permanecer e que nada pode ser fixado definitivamente. Quando alguém sabe disso, vive pela primeira vez na vida. Quem prende o ar, perde a respiração. Quem solta o ar, respira.

> Enquanto você não sabe
> como morrer e voltar a viver
> você é apenas um viajante digno de pena
> nesta terra sombria.*

---

* Versos tirados do *Divã ocidental-oriental*, de Johann Wolfgang von Goethe (1748-1832). (N. do A.)

8. MORALIDADE CRIATIVA

Talvez seja um paradoxo falar em moralidade criativa. Pois "moralidade" vem de uma palavra que significa costumes e convenção, a padronização da vida em regras. Mas a moralidade também acaba significando o papel do amor nas relações humanas, e, nesse sentido, podemos falar em uma moralidade que seja criativa. Santo Agostinho a descreveu como "Ama, e faça o que quiseres". Mas o problema sempre foi como amar o que não gostamos.

Se a moralidade é a arte de conviver, fica claro que regras, ou melhor, técnicas, têm um lugar nela. Pois muitos dos problemas de uma comunidade são técnicos – a distribuição de riqueza e população, o gerenciamento adequado de recursos naturais, a organização da vida em família, o cuidado com os doentes e com os deficientes e a adaptação harmoniosa de diferenças individuais.

O moralista é, portanto, um técnico que é consultado sobre tais problemas como se consultaria um arquiteto a respeito da construção de uma casa ou um engenheiro a respeito de erguer uma ponte. Como a medicina, o ofício de sapateiro, a culinária, a alfaiataria, a agricultura e a carpintaria, conviver demanda um certo *know-how*. Demanda a aquisição e o uso de certas habilidades.

Mas o moralista se tornou, na prática, muito mais que um consultor técnico. Ele se tornou um resmungão. Do púlpito ou do escritório, prega para a raça humana, soltando elogios e recriminações – na sua maioria – como fogo da boca de um dragão. Porque as pessoas não aceitam o conselho. Elas perguntam como é melhor viver nessa ou naquela circunstância. Ele diz, e parecem concordar que esteja certo. Mas depois elas vão embora e fazem algo diferente, pois acham que o conselho dele é difícil demais ou porque têm um desejo forte de contrariar. Isso ocorre com tal regularidade que o moralista perde o controle e começa a chamá-los de nomes feios. Quando não adianta, ele recorre à violência física, implementando seu conselho com policiais, punições e prisões. Pois a comunidade é seu próprio moralista. Ela elege e paga juízes, policiais e pregadores, como se dissesse: "Se eu extrapolar, por favor, me dê um chute".

À primeira vista, o problema parece se reduzir a isso: A moral serve para evitar uma distribuição injusta de prazer e de dor. Quer dizer que alguns indivíduos só vão se submeter ao sacrifício sob a ameaça de ainda mais dor caso não cooperem. Isso se baseia na suposição de que cada um cuida de si e observa os interesses da comunidade só na medida em que sejam obviamente seus próprios interesses.

Dessa suposição, os moralistas desenvolveram a teoria de que o ser humano é basicamente egoísta ou de que tenha uma inclinação inerente para o mal. O ser humano "natural" vive por uma única razão: proteger seu corpo da dor e associá-lo com o prazer. Como só pode sentir através do próprio corpo, tem pouco interesse no sentimento de outros corpos. Portanto, só se interessa por outros corpos sob estímulos de recompensa e punição, ou seja, através da exploração do seu próprio interesse no interesse da comunidade.

Felizmente, o problema não é tão simples assim. Pois, entre outras coisas que dão prazer ao ser humano se encontram as relações com outros seres humanos – conversar, compartilhar refeições, cantar, dançar, ter filhos e cooperar no trabalho, pois "uma mão lava a outra". Na verdade, um dos nossos maiores prazeres é ficar mais ou menos inconsciente da própria existência, ser absorvido por paisagens, sons, lugares e pessoas interessantes. Em contrapartida, uma das nossas piores dores é a autoconsciência, o sentimento de não estar absorvido pela comunidade nem conectado a ela e ao mundo ao redor.

Mas todo esse problema não vai ter solução enquanto pensarmos em termos de motivação pelo prazer ou pela dor ou, na verdade, em termos de qualquer "motivação". Pois o ser humano tem problemas morais que outros animais que vivem em comunidade não têm, pela simples razão de estar muito preocupado com motivos. Se for verdade que o ser humano é necessariamente motivado pelos princípios de dor e prazer, não tem sentido nenhum discutir a conduta humana. Conduta motivada é conduta determinada; é o que é, não importa o que qualquer um tenha a dizer a respeito. Não pode existir moralidade criativa a não ser que o ser humano tenha a possibilidade de ser livre.

É aí que os moralistas cometem um erro. Se querem que o ser humano mude seu jeito de viver, precisam presumir que ele seja livre, pois, se não for, toda a fúria e todos os protestos do mundo não vão fazer diferença. Por outro lado, uma pessoa que age por medo das ameaças de um moralista ou pelo atrativo das promessas não está agindo de forma livre! Se o ser humano não for livre, ameaças e promessas podem modificar sua conduta, mas não vão mudá-la em nenhum aspecto essencial. Se for livre, ameaças e promessas vão impedir que ele use de sua liberdade.

O significado de liberdade nunca vai ser assimilado pela mente dividida. Se me sinto separado da minha experiência e do mundo, a liberdade parece ser o ponto até onde posso empurrar o mundo, assim como o destino parece o ponto até onde o mundo pode me empurrar. Mas, para a mente inteira, não existe contraste entre "eu" e o mundo. Há apenas um processo em ação, e é o que faz tudo acontecer. Ele levanta meu dedo mindinho e gera terremotos. Ou, se você preferir, *Eu* levanto meu dedo mindinho e também crio terremotos. Ninguém se destina e ninguém é destinado.

Essa visão de liberdade é estranha. Estamos acostumados a pensar que, se existe alguma liberdade, ela não está na natureza, mas na vontade humana individual e no poder de escolha.

Mas o que normalmente queremos dizer por "escolha" não é liberdade. Escolhas geralmente são decisões motivadas pelo prazer ou pela dor, e a mente dividida age com o único propósito de aproximar o "eu" do prazer e afastá-lo da dor. Os melhores prazeres são os que não são planejados, e a pior parte da dor é esperar por ela e buscar alívio quando ela chega. Não é possível planejar ser feliz. É possível planejar a existência, mas, em si mesmas, existência e não existência não são prazerosas nem dolorosas. Inclusive, médicos me garantem que há circunstâncias em que a morte pode ser uma experiência altamente prazerosa.

A sensação de não ser livre vem de tentar fazer coisas que são impossíveis e até sem sentido. Não somos "livres" para desenhar um círculo quadrado, para viver sem cabeça, nem para controlar alguns reflexos motores. Nada disso é obstáculo à liberdade; são as condições. Não sou livre para desenhar um círculo se por acaso o círculo precisar ser quadrado. Não sou livre, ainda bem, para sair de casa e deixar minha cabeça. Da mesma maneira, não sou livre para viver em nenhum outro momento que não seja este ou para me separar dos meus sentimentos. Resumindo, não sou livre quando estou tentando fazer algo contraditório, como me mover sem mudar de posição ou queimar os dedos sem sentir dor.

Por outro lado, sou livre, os processos do mundo são livres para fazer qualquer coisa que não seja uma contradição. Eis a pergunta que não quer calar: é uma contradição, é impossível agir ou tomar decisões sem ter o prazer como meta final? A teoria que diz que devemos inevitavelmente fazer o que nos dá mais prazer ou menos dor é uma assertiva baseada em confusão verbal. Dizer que decido fazer alguma coisa porque me dá prazer só significa que decidi fazer aquilo porque decidi. Se o "prazer" é definido a princípio como "o que eu prefiro", então o que eu prefiro sempre vai ser prazer. Se prefiro a dor, como um masoquista, então a dor vai ser prazer. Resumindo, a teoria remete à pergunta que fizemos antes ao dizer que prazer significa o que desejamos: portanto, tudo o que desejamos é prazer.

Mas caio direto em contradição quando tento agir e tomar decisões que visem a felicidade se faço com que "sentir prazer" seja minha meta futura. Pois, quanto mais minhas ações se direcionam a prazeres futuros, menos sou capaz de aproveitar qualquer prazer. Todos os prazeres são presentes, e nada a não ser total consciência do presente pode sequer começar a garantir a felicidade futura. Posso agir de forma a comer amanhã ou viajar para as montanhas semana que vem, mas não existe jeito nenhum de ter certeza de que isso vá me deixar feliz. Pelo contrário, é comum que nada arruíne um "prazer" tanto quanto assistir a si mesmo no meio dele para ver se é prazeroso. Só se pode viver um momento de cada vez, e é impossível pensar sobre ouvir as ondas e se está gostoso ouvir as ondas simultaneamente. Contradições desse tipo são os únicos tipos de ação sem liberdade.

Uma outra teoria determinista declara que todas as ações são motivadas por "mecanismos mentais inconscientes" e que, por esse motivo, mesmo as decisões mais espontâneas não seriam livres. Isso é só mais um exemplo do que significa uma mente dividida, pois qual é a diferença entre "mim" e "mecanismos mentais", sejam conscientes ou inconscientes? *Quem* é levado por esses processos? A noção de que alguém está sendo motivado vem da ilusão insistente do "eu". O ser humano real, o organismo em relação com o universo, *é* o motivo inconsciente. E, já que ele *é*, não pode ser levado *por* ele. Em outras palavras, não se trata de motivação; é simplesmente um processo. Além do mais, não existe mente "inconsciente" distinta da consciente, porque a mente "inconsciente" é consciente, embora não de si mesma, assim como os olhos veem mas não se veem.

Permanece a suposição de que toda a operação, todo o processo de ação que é o ser humano e o universo, seja determinado por uma série de eventos na qual todo evento seria o resultado inevitável de causas passadas.

Não podemos analisar esse problema de forma exaustiva, sequer adequada. Mas talvez por ora seja suficiente perceber que essa é uma das maiores "perguntas abertas" da ciência, que está longe de chegar a uma conclusão. A ideia de que o passado determina o presente pode ser uma ilusão de linguagem. Já que precisamos descrever o presente em termos do passado, poderia parecer que o passado "explica" o presente. Para dizer "como" algo aconteceu, descrevemos a cadeia de eventos da qual aquilo parece fazer parte.

A garrafa quebrou. Caiu no chão. Eu soltei. Meus dedos estavam escorregadios, eu estava com a mão ensaboada. É legítimo colocar a palavra "porque" entre essas frases? Fazemos isso, via de regra, porque podemos apostar que, se eu soltar a garrafa, ela vai cair no chão. Mas isso não prova que eu tenha causado a queda nem que ela *precisava* ter caído. Os eventos parecem inevitáveis em retrospectiva porque, depois que já aconteceram, nada pode mudá-los. Ainda assim, o fato de que posso apostar poderia provar exatamente do mesmo jeito que os eventos não são *determinados* mas *consistentes*. Em outras palavras, o processo universal age livre e espontaneamente o tempo todo, mas tende a lançar os eventos em sequências regulares, portanto, previsíveis.

Seja lá a que conclusão se chegar sobre essa questão, a mente indivisa sem dúvida tem o sentimento de liberdade e sem dúvida traz para a esfera moral um modo de vida que tem todas as marcas da ação livre e criativa.

É fácil ver que a maioria dos atos que, de acordo com a moralidade convencional, são chamados de maus podem ser identificados com a mente dividida. A maior parte dessas ações vêm de desejos exagerados, desejos por coisas que não são sequer remotamente necessárias para a saúde da mente e do corpo, tendo em vista que "saúde" é um termo relativo. Tais desejos bizarros e insaciáveis vêm à tona porque o ser humano explora seus apetites para dar ao "eu" uma sensação de segurança.

Estou deprimido e quero tirar o "eu" dessa depressão. O contrário de depressão é júbilo, mas, porque depressão não é júbilo, não posso me forçar a ficar jubilante. Posso, contudo, ficar bêbado. Isso me dá uma sensação maravilhosa de júbilo, então, quando a próxima depressão vier, já tenho uma cura rápida. As depressões subsequentes vão ter o hábito de ficar mais profundas e mais sombrias porque não estou digerindo o estado depressivo e eliminando seus venenos. Então, preciso ficar ainda mais bêbado para afogá-los. Muito em breve, vou começar a me odiar por ficar bêbado, o que vai me deixar ainda mais deprimido – e assim por diante.

Talvez eu tenha uma família grande e esteja vivendo em uma casa hipotecada na qual gastei todas as economias. Preciso dar duro em um trabalho em que não estou muito interessado para poder pagar as contas. Não me importo de ter que trabalhar tanto, mas não paro de pensar o que vai acontecer se eu ficar doente ou se uma guerra estourar e eu for convocado. Seria melhor não pensar sobre essas coisas, então quero tirar o "eu" dessa preocupação. Pois tenho certeza de que *vou* ficar doente se isso continuar assim. Mas parar é dificílimo, e, como isso só faz com que a doença fique ainda mais certa, a preocupação vai mais fundo. *Devo* encontrar alívio para isso. Então, em desespero, começo a "apostar nos cavalos" na tentativa de balancear a preocupação com a esperança diária de que os meus cavalos vençam. E assim por diante.

O moralista convencional não tem nada com o que contribuir para solucionar esses problemas. Talvez saliente os efeitos medonhos do alcoolismo e do jogo, mas isso não passa de mais combustível para ficar deprimido e preocupado. Pode prometer recompensas no céu por ter aguentado o sofrimento com paciência, mas isso, também, é um tipo de jogo. Pode atribuir a depressão ou o nervosismo ao sistema social e incitar os desafortunados à revolução.

Resumindo, ele pode assustar o "eu" ou estimulá-lo, em um caso fazendo com que o indivíduo fuja de si mesmo, e no outro fazendo com que corra atrás de si mesmo. Pode pintar imagens brilhantes das virtudes e incentivar outros a encontrar forças no exemplo dos grandes homens. Pode ser bem-sucedido ao ponto de incitar os esforços mais vigorosos para emular santidade, frear as paixões e praticar autocontrole e caridade nas ações. Ainda assim, nada disso traz liberdade para ninguém, pois por trás de toda a emulação e de toda a disciplina, o motivo ainda está lá.

Se estou com medo, meus esforços para agir e me sentir com coragem são movidos pelo medo, pois estou com medo do medo, o que é simplesmente dizer que meus esforços para escapar do que sou agem em círculos. Ao lado dos exemplos de santos e heróis, tenho vergonha de não ser nada, então começo a praticar a humildade por causa do meu orgulho ferido, e a caridade por causa do meu amor-próprio. O impulso sempre é fazer com que "eu" seja alguma coisa. Eu devo ser correto, bom, uma pessoa de verdade, heroico, amoroso, modesto. Eu me anulo para me afirmar e me entrego para me preservar. É completamente contraditório.

A mente cristã sempre foi perseguida pelo sentimento de que os pecados dos santos são piores que os pecados dos pecadores, de que, de alguma maneira misteriosa, quem está lutando por salvação está mais perto do inferno e do coração do mal do que a prostituta ou o ladrão desavergonhados. Ela reconhece que o Diabo é um anjo e, como espírito puro, não está interessado de verdade nos pecados da carne. Os pecados que o coração do Diabo busca são os meandros do orgulho espiritual, os labirintos do autoengano e as zombarias sutis da hipocrisia, em que uma máscara veste uma máscara que veste uma máscara, e a realidade se perde completamente.

O pretenso santo cai direto na rede dessa teia porque *ele* se tornaria um santo. O "eu" dele encontra a maior segurança em uma segurança que é mais intensa por ser tão bem escondida – a satisfação de se arrepender dos pecados e de se arrepender por ter orgulho do arrependimento. Em um círculo vicioso tão intrincado, as máscaras por trás de máscaras são infinitas. Ou, em outros termos, quem sai de si mesmo para se chutar precisa chutar a persona que saiu. E assim por diante.

Moralidade criativa

Enquanto houver um desejo para se tornar algo, enquanto a mente acreditar na possibilidade de escapar do que existe neste momento, não pode haver liberdade. A virtude vai ser almejada exatamente pela mesma razão que o vício, e o bem e o mal vão se alternar como os polos opostos do mesmo círculo. O "santo" que parece ter dominado seu amor-próprio através da violência só o escondeu. O sucesso aparente convence os outros de que ele encontrou o "caminho verdadeiro", e eles seguem o exemplo por tempo o bastante para atingir o polo oposto, onde ser licencioso se torna a reação inevitável ao puritanismo.

Claro, isso *soa* como o fato de se admitir que sou o que sou fosse o fatalismo mais abjeto, e como se nenhuma saída ou divisão fosse possível. Parece que, se *estou* com medo, então estou "paralisado" de medo. Mas, na verdade, estou acorrentado ao medo só enquanto estiver tentando fugir dele. Por outro lado, quando não tento fugir, descubro que não há nada "paralisado" ou fixo a respeito da realidade do momento. Quando estou consciente desse sentimento sem nomeá-lo, sem chamá-lo de "medo", "ruim", "negativo" etc., ele muda instantaneamente para algo diferente, e a vida segue adiante livremente. O sentimento não se perpetua mais criando um antecessor que sinta.

Talvez possamos ver como a mente indivisa não se perturba com essas fugas do presente que geralmente são chamadas de "mal". Além disso, a verdade de que a mente indivisa é consciente da experiência como unidade, do mundo como mundo, e de que toda a natureza da mente e da consciência é se unir com o conhecido sugere um estado que geralmente seria chamado de amor. Pois o amor que se expressa em atividade criativa é, às vezes, muito maior que uma emoção. Não é uma coisa que *você* possa "sentir" e "saber", lembrar e definir. O amor é o princípio organizador e unificador que faz do mundo um *uni*verso, e da massa desintegrada, uma comunidade. É a própria essência e personalidade da mente, e se manifesta em ato quando a mente está inteira.

Pois a mente *tem que* estar interessada ou absorvida em algo, assim como um espelho sempre tem que refletir alguma coisa. Quando não está tentando se interessar por si mesma – como um espelho se autorefletindo – precisa se interessar ou ser absorvida por outras pessoas e coisas. Nada de errado no modo de amar. Nós amamos. Nós somos o amor, e o único problema é o percurso do amor, se deve ser direto como um raio de sol ou se voltar sobre si mesmo como uma "vela debaixo do alqueire"*.

Liberta do círculo de amor-próprio, a mente humana puxa todo o universo para dentro de sua própria unidade assim como uma única gota de orvalho parece conter todo o céu. Isso, longe de ser uma emoção simples, é a força e o princípio da ação livre e da moralidade criativa. Por outro lado, a moralidade de regras e regulamentos baseada em prêmios e castigos, mesmo quando tão intangíveis quanto a dor da culpa e o prazer do respeito por si mesmo, não tem relação com agir livremente. É um modo de controlar escravos com uma "exploração benevolente" de suas ilusões , o que nunca pode levar à liberdade, por mais que ela seja procurada.

---

* Mateus, 5:15. (N. do T.)

Onde não há ação criativa não tem sentido discutir o que devemos ou não fazer para sermos corretos ou bons. Uma mente que é singular e sincera não está tão interessada em ser boa, em manter relações com outras pessoas, quanto em viver de acordo com uma regra. Nem está interessada, por outro lado, em ser livre, em agir perversamente apenas para provar a própria independência. Seu interesse não está em si mesma, mas nas pessoas e nos problemas dos quais tem consciência; estes é que são o "si mesma". Ela age não de acordo com as regras, mas com as circunstâncias do momento, e o "bem" que ela deseja para os outros não é segurança, mas liberdade.

Nada é mais inumano que as relações humanas baseadas em moral. Quando alguém dá pão para ser caridoso, vive com uma mulher para ser fiel, come com um negro para não ser preconceituoso e se recusa a matar para ser pacífico, essa pessoa é fria de gelar. Ela não vê o outro. Só um pouco menos fria é a benevolência que brota da piedade, que entra em ação para remover o sofrimento porque acha irritante olhar para ele.

Mas o calor autêntico do amor não tem fórmula. Não se pode copiá-lo. Não é possível despertá-lo nem responder por ele esgarçando as emoções nem se dedicando solenemente a serviço da raça humana. Todo mundo tem amor, mas ele só pode fluir quando se está convencido da impossibilidade e da frustração de tentar amar a si mesmo. Não se atinge essa convicção através de julgamentos, de ódio, de chamar o amor-próprio de todos os nomes feios do mundo. Só se atinge essa convicção através da consciência de que não se tem a quem amar quando se sente amor-próprio.

9. REVISANDO A RELIGIÃO

Começamos este livro com a afirmação de que a ciência e a filosofia científica não dão base para a crença religiosa. Não elaboramos a ideia, mas ela foi tomada como ponto de partida. Adotamos a visão predominante de que a existência de Deus, de qualquer absoluto e de uma ordem eterna para além deste mundo não tem suporte lógico nem significado. Aceitamos a noção de que tais ideias não têm valor para previsões científicas e que todos os eventos conhecidos podem ser explicados de forma mais simples sem elas. Ao mesmo tempo, dissemos que a religião não precisa se opor a essa visão, pois quase todas as tradições espirituais reconhecem que há um estágio no desenvolvimento humano em que a crença – em contraste com a fé – e suas seguranças precisam ser deixadas para trás.

Até aqui, acho que não afirmamos nada que não possa ser verificado em experimentos nem asseveramos nada que entre em conflito sério com a visão de mundo científica. No entanto, chegamos a um ponto em que as principais ideias da religião e da metafísica tradicional podem voltar a se tornar inteligíveis e significativas – não como crenças, mas como símbolos válidos de experiência.

A ciência e a religião falam sobre a mesma coisa, mas usam tipos diferentes de linguagem. Em geral, as afirmações da ciência têm a ver com o passado e com o futuro. O cientista descreve eventos. Ele nos conta "como" as coisas acontecem ao nos dar um relato detalhado do *que* aconteceu. Ele descobre que eventos ocorrem em várias frequências e ordens, e, com base nisso, faz apostas ou previsões à luz das quais podemos tomar medidas práticas e fazer adaptações ao longo dos eventos. Para fazer essas apostas, ele não precisa ter conhecimento sobre Deus nem sobre a vida eterna. Ele precisa ter conhecimento do passado – do que já aconteceu.

Por outro lado, as afirmações da religião têm a ver com o presente. Mas tanto as pessoas religiosas quanto as científicas estão sob a impressão de que a religião se preocupa mais com o passado e com o futuro. Esse equívoco é natural porque a religião parece fazer assertivas sobre como esse mundo começou e como vai acabar. Durante muito tempo, ela se conectou com profecia, o que é sem dúvida a mesma coisa que vidência. Afirma que o mundo *foi feito* por Deus e que isso se deu por um *propósito* que *vai* se cumprir em um futuro distante, na "vida do mundo vindouro". Insiste, além disso, que o ser humano tem uma alma imortal e profetiza que ela *vai* sobreviver à morte física e viver perpetuamente.

O cientista, portanto, sente-se justificado quando diz que tais previsões não podem ser verificadas e que são feitas com pouquíssima referência aos eventos passados que sabemos ter acontecido. Quando tenta descobrir as bases sobre as quais essas previsões são feitas, ele descobre que são mais emocionais que racionais. Gente religiosa *espera* ou acredita que essas coisas sejam verdade.

Não obstante, na história de toda religião importante há quem tenha entendido as ideias e afirmações religiosas de forma bem diferente. No conjunto, isso é mais verdadeiro no que diz respeito ao Oriente que ao Ocidente, embora a história do cristianismo contenha uma longa lista de homens e mulheres que poderiam ter falado de igual para igual com hindus ortodoxos e budistas.

Desse ponto de vista diferente e, acreditamos, mais profundo, a religião não é um sistema de previsões. Suas doutrinas não têm a ver com o futuro e com o perpétuo, mas com o presente e com o eterno. Não são um conjunto de crenças e esperanças, mas, pelo contrário, um conjunto de símbolos gráficos a respeito da experiência presente.

Tradicionalmente, esses símbolos são de dois tipos. Um descreve o jeito religioso de entender o presente na forma de imagens concretas e histórias. O outro o descreve em linguagem abstrata e negativa muito semelhante à linguagem da filosofia acadêmica. Por conveniência, chamamos esses dois tipos de símbolo religioso e metafísico. Mas devemos lembrar que "metafísico" nesse sentido não é filosofia especulativa. Não é uma tentativa de antecipar a ciência e dar uma descrição lógica do universo e de suas origens. É uma forma de representar o conhecimento do presente. Símbolos religiosos são especialmente característicos do cristianismo, do islã e do judaísmo, enquanto doutrinas do tipo oriental são mais metafísicas.

Dissemos que ciência e religião estão falando sobre o mesmo mundo e, ao longo deste livro, não nos preocupamos com nada além da vida real, com coisas que podem ser vistas, sentidas e experienciadas. Vamos, portanto, ser repreendidos por críticos religiosos por estarmos reduzindo a religião a "naturalismo" e por identificarmos Deus com a natureza, desvirtuando a religião e zombando dela ao tirar seu "conteúdo sobrenatural essencial".

Mas quando perguntamos aos teólogos o que eles entendem por "sobrenatural", caem em linguagem científica na mesma hora. Definem Deus como dotado de "realidade concreta distinta do universo" e falam dele em termos de história passada e previsões futuras. Insistem que o mundo sobrenatural não é da mesma "ordem" que o universo estudado pela ciência, mas existe em outro plano da existência, invisível aos sentidos naturais. Começa a soar paranormal, a parecer algo da ordem dos fenômenos da telepatia, da clarividência e clariaudição.

Ainda assim, isso é naturalismo puro e simples; não é sequer pseudociência. Pois ciência e naturalismo não estão necessariamente preocupados com coisas visíveis aos sentidos. Ninguém vê elétrons ou quanta, ninguém é capaz de criar uma imagem sensorial do espaço curvo. Se os fenômenos paranormais existem, não há razão para supor que não possam ser estudados cientificamente e que não possam ser somente outro aspecto da "natureza". Na verdade, a ciência se preocupa com coisas inumeráveis que não estão presentes na experiência imediata – por exemplo, todo o passado, o processo da gravidade, a natureza do tempo e quanto pesam os planetas e as estrelas. Essas coisas invisíveis são deduzidas pela lógica através da experiência imediata. São hipóteses que parecem dar uma explicação razoável para eventos observados. O Deus teológico é exatamente a mesma coisa – uma hipótese correspondente a todas as experiências.

Quando um teólogo apresenta tal hipótese, ele se vale dos métodos da ciência e entra no campo da ciência. Deve esperar, portanto, questionamentos, inspeções e críticas dos companheiros naturalistas.

Mas a diferença entre o natural e o sobrenatural pode ser entendida de forma mais simples e muito mais útil. Se a "natureza" é a província da ciência, podemos dizer que a natureza é este mundo conforme nomeado, medido e classificado. A natureza é o mundo em que o pensamento foi analisado e alinhado em grupos chamados "coisas". Como vimos, ela deu uma identidade às coisas ao nomeá-las. Distingue movimento de imobilidade, comparando algo que se move rapidamente com algo que se move devagar, embora ambos se movam.

Assim, todo o mundo da natureza é relativo e produzido por pensamento e comparação. A cabeça é diferente do pescoço, "de verdade"? Por que não poderíamos ter feito a "coisa" chamada cabeça incluir a "coisa" chamada pescoço assim como inclui o nariz? É uma convenção de pensamento que a cabeça e o pescoço sejam duas coisas em vez de uma. Nesse sentido, os metafísicos antigos estão perfeitamente certos ao dizer que todo o universo é um produto da mente. Eles estão falando do universo das "coisas".

Por outro lado, o mundo absoluto e sobrenatural consiste da realidade misteriosa que nomeamos, classificamos e dividimos como tal. Não é produto da mente. Mas não há como definir ou descrever o *que* seja. A todo momento estamos conscientes dele, mas ele é nossa consciência. Sentimos e percebemos esse mundo, e ele é nossos sentimentos e percepções. Ainda assim, tentar conhecê-lo e defini-lo é como tentar fazer uma faca se cortar. O que é isso? É uma rosa. Mas "uma rosa" é um som. O que é um som? Um som é o impacto de ondas de ar no tímpano. Então, uma rosa é o impacto das ondas de ar no tímpano? Não, uma rosa é uma rosa... é uma rosa é uma rosa é uma rosa...*

Definir é apenas fazer uma correspondência um a um entre grupos de dados de sentido e som, mas, como os sons são os dados de sentido, a tentativa é inevitavelmente circular. O mundo real que fornece tanto os dados quanto os órgãos com os quais assimilá-los continua incompreensivelmente misterioso.

Desse ponto de vista, não temos dificuldade em entender algumas escrituras antigas. O *Dhammapada*, uma coleção de ditos de Buda, começa assim: "Tudo o que existe é o resultado do que pensamos. É encontrado nos nossos pensamentos; é feito dos nossos pensamentos". Essa é, na verdade, a mesma assertiva que abre o Evangelho de São João: "No princípio era o Verbo, e o Verbo estava com Deus, e o Verbo era Deus... Tudo foi feito por ele (o Verbo), e sem ele nada

---

* Citação da peça *Sacred Emily* [Emily sagrada], parte do livro *Geography and Plays* [Geografia e peças], de Gertrude Stein (1874-1946). (N. do T.)

foi feito". Através dos pensamentos, ou palavras mentais, distinguimos ou "fazemos" coisas. Sem pensamentos, não há "coisas", apenas realidade indefinida.

Se quisermos ser poéticos, podemos ligar essa realidade indefinida com o Pai, porque é a origem ou a base das "coisas". Podemos chamar o pensamento de Filho "da mesma substância que o Pai" – o Filho "por quem todas as coisas foram feitas", o Filho que precisa ser crucificado para que vejamos o Pai, assim como devemos olhar para a realidade sem palavras para vê-la como é. Em seguida, o Filho se ergue dos mortos e retorna para o céu, e da mesma forma quando vemos a realidade como ela é, estamos livres para usar o pensamento sem que ele nos faça de bobos. Ele "volta para o céu" no sentido em que o reconhecemos como parte da realidade e não como algo que fica fora dela.

Caso contrário, podemos usar a linguagem metafísica, negativa, para abordar essa realidade indefinida. É o infinito, não o definido. É o eterno, o presente constante, não o passado nem o futuro, não as convenções do pensamento e do tempo. É o imutável, no sentido em que a ideia de mudança não passa de outra palavra, outra definição, que a realidade *chamada* mudança ultrapassa. Obviamente, se todo movimento é relativo, não existe movimento absoluto. Não teria sentido dizer que *todos* os corpos do universo se movem uniformemente a 10 mil quilômetros por minuto pois a palavra "todos" excluiu qualquer outro corpo em relação ao qual eles poderiam se mover.

A linguagem metafísica é negativa porque está tentando dizer que as palavras e as ideias não explicam a realidade. Não está tentando nos persuadir de que a realidade seja algo como uma massa sem limites de geleia transparente. Não trata de abstrações impalpáveis, mas deste mundo aqui, onde nós vivemos. Essa experiência que chamamos de coisas, cores, sons, cheiros, gostos, formas e pesos não é, em si, coisa nenhuma, forma nenhuma, número nenhum, nada – a não ser no momento em que a contemplamos. Estamos, portanto, encarando o Deus que doutrinas tradicionais chamam de Realidade sem limite, sem forma, infinita, eterna, indivisa, impassível e imutável – o Absoluto por trás do relativo, o Significado por trás dos pensamentos e das palavras.* Naturalmente, o Significado não tem significado algum, porque, ao contrário das palavras, não *tem* significado, mas *é* significado. Por si só, uma árvore não tem significado, mas é o significado da palavra "árvore".

É fácil ver que esse tipo de linguagem, seja em forma religiosa ou metafísica, pode levar a todo tipo de mal-entendido. Pois, quando a mente está dividida, e o "eu" quer ir embora da experiência presente, toda a noção de mundo sobrenatural se torna seu esconderijo secreto. O "eu" está resistindo a uma mudança infeliz, então se apega ao Absoluto "imutável", esquecendo que esse Absoluto também não é "fixo". Quando a vida fornece uma experiência pesada, o "eu" só pode passar por ela com a garantia de que faz parte do plano de um amável Deus-Pai. Mas essa mesma garantia faz com que seja impossível perceber o "amor de Deus", que, como é sabido, demanda que se abandone o "eu".

O mal-entendido das ideias religiosas é ilustrado com nitidez quando pensamos no que as pessoas transformam a

---

* É dessa forma que a doutrina Vedanta chama o ego de *atman*, transcendendo todas as "coisas experienciadas". (N. do A.)

doutrina de imortalidade, céu e inferno. Mas agora já deveria estar claro que a vida eterna é perceber que o presente é a única realidade, e que o passado e o futuro só podem ser separados do presente em uma perspectiva convencional. O momento presente é a "porta do céu", "o caminho estreito e apertado que leva à vida", porque não existe espaço lá para o "eu" separado. *Nesta* experiência, não existe um alguém que viva a experiência. O "homem rico" não consegue passar pela porta porque carrega bagagem demais; ele é apegado ao passado e ao futuro.

Poderíamos citar páginas inteiras da literatura espiritual de todos os tempos e lugares para mostrar que a vida eterna tem sido entendida assim. A citação seguinte, de Mestre Eckhart, é suficiente:

> O momento-Agora quando Deus fez o primeiro homem e o momento-Agora quando o último homem vai desaparecer, e o momento-Agora quando estou falando são todos um em Deus, em quem só há um Agora. Veja! Quem vive na luz de Deus não tem consciência nem do tempo passado, nem do tempo por vir, mas apenas da eternidade. [...] Portanto, essa pessoa não tira nada de novo dos eventos futuros, nem do acaso, pois vive no momento-Agora, ou seja, infalivelmente, em "um verde que acaba de brotar".

Quando você está morrendo e renascendo a cada instante, certas previsões científicas sobre o que aconteceria após a morte são de pouca importância. A glória é não saber. Ideias de sobrevivência e de aniquilamento são baseadas da mesma forma no passado, em lembranças de andar e dormir, e, cada uma a sua maneira, as noções de continuidade perene e de nada perene não têm sentido.

Não é preciso muita imaginação para se dar conta de que tempo perene é um pesadelo monstruoso, de forma que entre o céu e o inferno, como entendidos comumente, há pouca escolha. O desejo de continuar só consegue ser atraente quando se pensa em tempo indefinido em vez de tempo infinito. Ter o tempo que se quer é uma coisa, mas ter tempo sem fim é outra, bem diferente.

Não há alegria na continuidade, no perpétuo. Desejamos a continuidade só porque o presente é vazio. Uma pessoa que tente comer dinheiro vai sempre sentir fome. Quando alguém diz: "É hora de parar", essa pessoa entra em pânico, porque não tem nada para comer, mas, ainda assim, quer cada vez mais tempo para continuar a comer dinheiro, esperançosa de que a satisfação esteja logo ali. Na verdade, não queremos continuidade, mas uma experiência presente de felicidade total. A ideia de querer que uma experiência dessas continue sem parar é resultado de estar consciente de si durante a experiência, portanto, consciente apenas em parte. Desde que haja o sentimento de um "eu" *tendo* a experiência, o momento não é *tudo*. A vida eterna é percebida quando o último rastro de diferença entre "eu" e "agora" desaparece – quando só existe este "agora" e nada mais.

Por contraste, o inferno ou a "danação eterna" não é a perenidade do tempo que continua para sempre, mas de um círculo inquebrável, da continuidade e da frustração de andar sem parar em busca de algo que nunca será alcançado. O inferno é a fatuidade, a impossibilidade perene, do amor-próprio, de consciência de si, de autocontrole. É tentar ver os próprios olhos, ouvir os próprios ouvidos e beijar os próprios lábios.

Contudo, ver que a vida é completa em cada momento – inteira, indivisa e sempre nova – é entender o sentido da doutrina que diz que, na vida eterna, Deus, o *isso* indefinível, é tudo e é a Causa Final ou o Fim que justifica a existência de tudo. Porque o futuro é eternamente inalcançável e, como uma cenoura balançando, *sempre* na frente do burro, o cumprimento do propósito divino não está no futuro. É encontrado no presente, não por submissão a fatos imóveis, mas ao ver que não há fato imóvel ao qual se submeter.

Esse é o sentido daquele princípio religioso universal e muito repetido segundo o qual, para conhecer Deus, o ser humano deve desistir de si mesmo. É tão familiar quanto qualquer outro lugar comum, e, contudo, nada é mais difícil de fazer, e nada foi tão mal-entendido. Como é possível que um ego, que é egoísta, desista de si mesmo? Não pela própria vontade, os teólogos dizem, mas através do dom da graça divina, do poder que capacita os seres humanos a atingir o que está além da própria força. Mas é essa a graça dada a todos ou a uns poucos eleitos que, ao recebê-la, não têm escolha a não ser se entregar? Há quem diga que é dada para todos, mas há quem aceite a ajuda e quem a recuse. Outros dizem que é dada a uns poucos eleitos, mas, ainda assim, de modo geral, insistem que o indivíduo tem a escolha de pegar ou largar.

Mas isso não resolve o problema de jeito nenhum. Substitui o problema de manter ou entregar o ego pelo problema de aceitar ou recusar a graça divina, e os dois problemas são idênticos. O cristianismo contém a própria resposta secreta para o problema na ideia de que o ser humano só pode se entregar "em Cristo". Pois "Cristo" representa a realidade de que não há ego separado para entregar. Desistir do "eu" é um problema falso. "Cristo é a concretização do fato de que não existe "eu" separado. "Não faço nada de mim. [...] Eu e o Pai somos um. [...] Antes que Abraão existisse, eu sou."

Se não há um problema de fato, é ver que neste instante você não tem um "eu" para entregar. Você está completamente livre para enxergar isso a qualquer momento, e absolutamente nada pode impedi-lo. Isso é nossa liberdade. Não somos, contudo, livres para nos melhorar, para nos entregar, para nos abrir para a graça, pois todo esse jeito de pensar com a mente dividida é a recusa e o adiamento da nossa liberdade. É tentar comer a própria boca em vez de pão.

É necessário sublinhar a vasta diferença entre a percepção de que "Eu e o Pai somos um" e o estado de espírito do sujeito que, como se diz, "pensa que é Deus"? Caso, ainda acreditando que existe um "eu" isolado, você o identifique com Deus, vai se tornar o egomaníaco insuportável que acha que conseguiu atingir o impossível, que dominou a experiência e que chega ao fim de todos os círculos viciosos de forma satisfatória.

Sou o mestre do meu destino;
Sou o capitão da minha alma!

Quando a cobra engole o próprio rabo, fica com a cabeça inchada. É bem diferente ver que você é o seu "destino" e que não há ninguém para controlar ou ser controlado, para dominar ou se entregar.

Devemos também insistir que essa perda do "eu" em Deus não é um miasma místico no qual os "valores da personalidade" são obliterados? O "eu" não era, não é e nunca vai ser parte da personalidade humana. Não há nada único ou "diferente" ou interessante a esse respeito. Pelo contrário, quanto mais os seres humanos correm atrás do "eu", mais uniformes, desinteressantes e impessoais se tornam. Quanto mais rápido as coisas se movem em círculos, mais rápido se tornam borrões indistinguíveis. É óbvio que as únicas pessoas interessantes são pessoas interessadas, e ser completamente interessado é ter esquecido o "eu".

Podemos ver, portanto, que os princípios básicos da filosofia, da religião e da metafísica podem ser entendidos de dois jeitos completamente distintos. Podem ser vistos como símbolos da mente indivisa, expressões da verdade segundo a qual a cada momento a vida e a experiência formam um todo completo. "Deus" não é uma definição desse estado, mas uma exclamação que se faz sobre ele. Via de regra, contudo, esses princípios são usados como tentativas de sair de si mesmo e do universo para capturar e dominar a ambos. Esse processo é circular, embora complexo e enganoso.

Porque os seres humanos estão andando em círculos há tantas eras, os poderes da tecnologia só servem para acelerar o processo a um ponto de tensão insuportável. A civilização está pronta a se despedaçar por mera força centrífuga. Em meio a tal dilema, o tipo de religião autoconsciente com o qual estamos acostumados há tanto tempo não é nenhuma cura, mas parte da doença. Se o pensamento científico enfraqueceu o poder dela, não devemos lamentar, pois o "Deus" ao qual ela poderia ter nos levado não era a Realidade desconhecida que aquele nome significa, mas apenas a uma projeção de nós mesmos – um "eu" cósmico e desencarnado reinando sobre o universo.

O verdadeiro esplendor da ciência não é tanto nomear e classificar, registrar e prever, mas observar e desejar conhecer os fatos, seja lá o que acabarem sendo. Por mais que possa confundir fatos com convenções e a realidade com divisões arbitrárias, com sua mente aberta e sincera, a ciência parece um pouco a religião, compreendida em seu sentido mais profundo. Quanto maior o cientista, mais impressionado ele fica com sua falta de conhecimento sobre a realidade e mais ele percebe que as leis e os rótulos, as descrições e definições, são produtos do seu próprio pensamento. Eles o ajudam a usar o mundo para propósitos que sigam a vontade dele, em vez de tentar explicá-lo.

Quanto mais ele analisa o universo em termos de infinitésimos, mais coisas encontra para classificar e mais percebe a relatividade da classificação. O que ele não sabe parece aumentar em progressão geométrica em relação ao que ele sabe. Ele constantemente se aproxima do ponto em que o que é desconhecido não é um simples espaço vazio em uma teia de palavras, mas uma janela na mente, uma janela cujo nome não é ignorância mas espanto.

A mente acanhada fecha a janela e fica em silêncio e sem pensamentos a respeito do que não sabe a fim de tagarelar muito sobre o que acha que sabe. Preenche os espaços inexplorados com a simples repetição do que já foi explorado. Mas a mente aberta sabe que os territórios explorados com muita minúcia não foram conhecidos, mas apenas marcados e medidos mil vezes. E o mistério fascinante sobre *o que* é que marcamos e medimos pode, no fim, nos "provocar a parar de pensar" até que a mente esqueça de andar em círculo e de perseguir seus próprios processos, e ganhe consciência de que *existir* neste momento é puro milagre.

De maneiras que diferem pouco, essa é a última palavra em sabedoria ocidental e oriental. Os *Upanixades* hindus dizem:

> Quem pensa que Deus não é compreendido compreende Deus; mas quem pensa que Deus é compreendido não o conhece. Deus é desconhecido de quem o conhece, e é conhecido de quem não o conhece.

Goethe diz isso em palavras que, para a mente moderna, talvez sejam mais diretas:

> O mais alto a que um ser humano pode aspirar é o espanto; e se o fenômeno fundamental faz com que ele se espante, que ele fique contente; nada maior pode vir disso, e não há nada mais longe pelo qual se possa procurar; eis o limite.

Ou as palavras de São João da Cruz, um dos grandes visionários da tradição cristã:

> Um dos maiores favores concedidos à alma transitória nesta vida é poder ver de forma tão distinta e sentir de forma tão profunda que não possa compreender Deus. Essas almas são, assim, algo como os santos no céu, onde quem o

conhece de maneira mais perfeita percebe com maior clareza que ele é infinitamente incompreensível; pois quem tem a visão menos clara não percebe tão claramente quanto aqueles outros quanto ele transcende a visão.

Em tal espanto não há fome mas saciedade. Quase todo mundo o conhece, mas apenas nos instantes raros em que a beleza ou a estranheza surpreendente de uma cena afastam a mente de sua busca de si própria e, por um momento, faz com que seja impossível encontrar palavras para o sentimento. Somos, portanto, afortunados por viver em um tempo em que o conhecimento humano foi tão longe que começa a ficar sem palavras, não apenas diante do estranhamento e do maravilhoso, mas diante das coisas mais comuns. A poeira nas prateleiras se tornou um mistério tão grande quanto as estrelas remotas; sabemos o suficiente a respeito de ambos para saber que não sabemos nada. Eddington, o físico, se aproxima muito do misticismo, não nos seus voos mais abertos de imaginação, mas quando diz de forma bem simples: "Algo desconhecido está fazendo sabe-se lá o quê".

Em uma confissão dessas, o pensamento completou o círculo, e voltamos a ser crianças. Para quem ainda está fervorosamente determinado a explicar tudo, a prender a água da vida com papel e corda, essa confissão não diz nada e não significa nada a não ser derrota. Para outros, o fato de que o pensamento completou um círculo é a revelação do que a humanidade tem feito, não só em filosofia e moral, mas em sentimento e vida cotidianos. Sua mente tem estado em um turbilhão para se afastar de si mesma e capturar a si mesma.

Vocês sofrem por conta própria, não há nada que force,
Ninguém obriga a viver e morrer
E a girar com a engrenagem, e a abraçar e beijar
Suas ferragens de agonia,
Seu pneu de lágrimas, o cubo da roda do nada

Ao descobrir isso, a mente se torna completa; a divisão entre eu e mim, ser humano e mundo, ideal e real chega ao fim. *Paranoia*, a mente além de si mesma, se torna *metanoia*, a mente consigo, portanto, livre de si mesma. Livres de agarrar a si mesmas, as mãos podem manejar; livres de olharem para si mesmos, os olhos podem ver; livre de tentar entender a si mesmo, o pensamento pode pensar. Sentindo, enxergando e pensando assim, a vida não demanda futuro algum para se completar nem explicação para se justificar. Nesse momento, ela se completa.

Compartilhe a sua opinião
sobre este livro usando a hashtag
#ASabedoriaDaInsegurança
nas nossas redes sociais:

 /EditoraAlaude

 /EditoraAlaude